現代教育之父

康門紐斯

的「泛智學校」

John Amos Comenius

根除齊生、音養天賦才志、記事嚴明學交的隼則、年輕人的行為規則，捷克思想大師論教育

約翰·康門紐斯 —— 著

關明孚 —— 譯

學校的目的應該是讓人適應他的使命；
讓他受到可以讓人類天性得到完善的一切教育！

本書收錄約翰·康門紐斯針對教育相關的重要論述及演講

目錄

CONTENTS

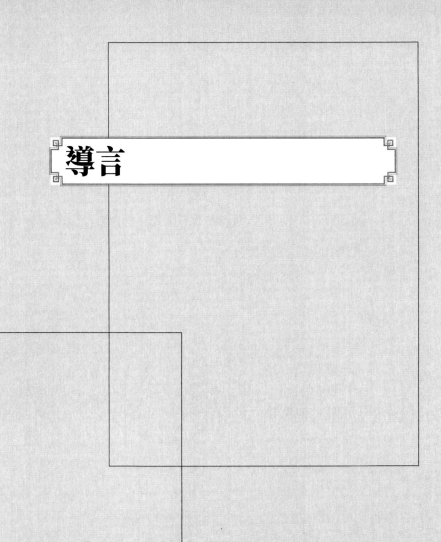

導言

約翰‧阿摩司‧康門紐斯（西元 1592 年 3 月 28 日至 1670 年 11 月 15 日），是一位以捷克語為母語的摩拉維亞人，是偉大的民主主義教育家，西方近代教育理論的奠基人。康門紐斯出身於一個磨坊家庭，早年曾經在捷克兄弟會當過牧師，並主持兄弟會學校。三十年戰爭（西元 1618－1648 年）爆發後的數十年間，他被迫在國外流亡，繼續從事教育活動和社會活動。西元 1670 年 11 月 15 日，康門紐斯病逝於荷蘭。

康門紐斯擁有一套十分完整的教育思想，其中不僅包括關於普及教育、女子教育、學前教育等反映新興資產階級利益的教育思想，還在學校的教學與管理這些具體的操作層面提出了優秀的見解。

為人文主義影響深刻的康門紐斯，對人具有的智慧和創造力飽含信心，認為可以透過教育讓人獲得和諧全面的發展，並希望透過教育對社會進行改良，實現各民族、教派間的平等。

康門紐斯教育思想的核心是泛智論，所謂「泛智」，就是讓每個人透過接受教育，而獲得全面、廣泛的知識，從而讓智慧獲得全面的發展。他認為學習應當廣泛，要掌握學科知識的精華；堅持所學習的內容要對現實生活有用；十分重視學習自然科學方面的知識，還有各種語言；注重訓練學生行動能力等等。

在教育學代表作《大教學論》中，康門紐斯開宗明義，「它闡明把一切知識教給一切人的所有藝術」，並試圖利用教育的實驗，來實現「泛智教育」和「泛智學校」的理想。康門紐斯還提出很多意義重大的教學原則，比如量力性原則、直觀性原則、鞏固性原則、循序漸進原則、啟發誘導原則以及因材施教原則

等，這些基本原則，現在還在教學活動中為教師們所遵循。

在教育史上，康門紐斯最早從理論上，詳細的闡述了班級授課制，以及與此相關的學年制、學日制、考查、考試制度等內容，這是康門紐斯的另一項主要貢獻。雖然早在歐洲宗教改革時期，分班、分級教學制度已經出現在耶穌會派和路德派等教派學校裡，並且也按照年、月、週對教學進度進行規劃，但是系統理論的闡述班級授課制，康門紐斯是第一人。他對班級授課制的必要性和可行性進行了論證，主張班級授課制可以對教師產生激勵作用，是可以迅速的提高教學效率的方法。

康門紐斯對中世紀的學校教育予以尖銳的抨擊，主張普及義務教育，號召「將一切事物教給一切人類」，實際上就主張讓所有兒童都接受學前教育和初等教育。他認為只有那些有志於從事腦力勞動的男女才能享受中等教育，至於高等教育，則更是屬於少數「智者」的權利。不過，在當時的歷史條件下，康門紐斯的思想衝破了封建主義的禁錮，他主張人人有接受教育的權利的觀點，是符合當時社會生產力發展要求的。

康門紐斯一生潛心研究教育理論，成果豐碩，先後寫成了《語言學入門》（西元 1631 年）、《語言學初聽》（西元 1633 年）、《大教學論》（西元 1632 年）、學前教育專著《母育學校》（西元 1632 年）、《世界圖解》（西元 1658 年）等，其中《大教學論》、《泛智學校》堪稱他的代表作。本書精選了〈泛智學校〉、〈論天賦才能的培養〉、〈根除學校裡的惰性〉、〈關於正確命名事物的好處〉等幾篇短篇作品，從中亦可窺見這位偉大的教育家的人文主義教育思想。

導言

第一章
泛智學校

第一節　泛智學校的輪廓

按照詞的一般用法來說，「學校」這個詞既可以理解為「房屋」，也可以理解為「會址」，人們在這裡學習，目的是獲取對事物的認識、理解和運用各式各樣的技能。雖然人生來就會一切，但是除了透過別人的指導和反覆獲得的經驗而學到的東西以外，他實際上是什麼都不知道的，所以，一定要教給他所有的知識，並為此將他送去造就這一切的工廠。所以，對於一個擁有高度文明的民族，有多少種技能就有多少所學校，甚至連體操學校都有，年輕人在此學習武器的使用等。

文化學校，我們指的是對那些剛步入社會，並準備開始日常生活勞作的年輕人進行訓練的場所。

一切供年輕人學習的學校，都應該是這樣一類的真正的學校。不過可惜的是，大部分學校離這個都有很大距離，它們不過是在玩弄科學，更有甚者是在令人煩惱的折騰科學。它們所做的事和生活的需求並不一致，而是在用支離破碎的科學，用和現實生活完全沒有關係的東西填塞頭腦。所以，這樣評論它們是非常公正的：「它們不知道必需的知識，因為它們學的都不是必需的東西。」

我們理想中的是睿智並且博學的學校，也就是泛智的學校，即工廠，所有的人都能在這樣的學校接受教育，都可以去學習現在和將來生活所必不可少的學科，而且實現完美。要實現這一切，要採用可靠的方法，讓受教育的人不致對所學的事

物一竅不通，一無所知，要讓他們能夠真正的、適當的運用自己所學的事物，並能夠成功的表達出來。

我們希望每一個人都應該接受教育，讓每一個人可以做到預防危險，避免在人生路上誤入歧途，而最終毀滅。對每個人來說，這一點都是至關重要的，是每個人都最應加小心的，即使不是每個人都能懂得真與善的細微末節（原因是它們是無窮盡的），都能理解它們，並感受到其中的快慰。

我們希望知識的新兵應當學習一切知識，即首先要讓知識之光照亮我們的頭腦，而如果缺少了這種知識，將是有害的；手和別的能力一起，也應進行訓練，以便能做好各種事情；舌頭應該能從容鎮定的說出妥當的話語。

我們希望知識領域裡的一切精華，都能在我們的頭腦裡生根。也就是對天上、地上、水裡、地心深處、人的靈魂與肉體中、國家生活、經濟、手藝，以及生與死及永恆本身中的萬事萬物，我們未來的年輕智慧者都要有充分的了解，他們要懂得必要的知識，通曉萬事的原因，明白該如何運用所有知識。所以，他們每個人的意識都是全世界最準確的反映。

對我們的學生進行操作訓練是必須的，這也應該列入認知的內容，也就是認識事物一定不能離開實踐活動。如果沒有實踐，即使知道事物的本身，一旦面對也會不知所措，一臉茫然，即使一個人對某一技藝十分精通，沒有實踐活動也會變得無能，連日常操作都無法適應。為了讓泛智學校的學生不會發生這樣的事，學校特為此補充了要求：對於那些十分需要操作的項目，在校學生如果沒有獲得優異的實習成績，是無法畢

業的。在泛智學校中，我們的學生不是在為學校學習，而是在為生活學習。我們要讓這裡的畢業生都能積極、勤勉的面對工作，技術熟練，適合做所有的工作，將來可以將一切日常事務放心的託付給他們。有這樣的學校，而且每個民族都有，是杜絕守舊和懶惰，進而根除混亂、貧窮和邁邊的辦法。這一目標將會實現，特別是如果這類學校除了這些，還能讓學生習慣於（現實本就該這樣）用誠實的德行和大家都覺得美好的語言美化勞作。

在泛智學校裡，這一切都應該精益求精的學習、進行和遵守，也就是既輕鬆又有把握獲得成就，讓學校裡所做的這些和機械工廠一樣，都是自然的進行，而不是強制性的，讓每個學生將來都成長為碩士。

有人會在這裡提出古希臘醫生的反對意見，認為人的生命是短暫的，而藝術需要的時間比較長。對此我的回答是：已經給了生活足夠的準備時間；人是在 20 歲以前和以後緩慢的、逐漸的成長的，而再也沒有哪種有軀體的造物有如此長的時間了。其他一些動物，比如公牛、駱駝和象等擁有比人大得多的軀體，不過兩、三年間就發育成熟，而人的軀幹和智力得到 25 歲才勉強發育成熟。在如此長的時間裡，如果不是為了讓無法完成日常義務的人，在不斷的磨練下最終成為通曉一切的人，那又是出於什麼目的呢？事情本身也可以說明這一點。如果那些雞毛蒜皮的事沒有占去我們的時間，我們將會擁有什麼樣的精力和才能啊！我們的生活被這些毫無意義的小事所占據，可憐的凡人們的生命被毫無價值的浪費了。

　　我們無法不讓事物按照它天生的發展趨勢運動。石頭向下墜落，河水流向平原，鳥兒會飛，四足的動物會跑 —— 這一切都是必然的，根本無須強迫；每樣東西都在按照它天生會做的去做，只要沒有被設置障礙。所以，不必去催著人們去認識所有的事物，做好事，說好聽的，因為人的本性就是喜歡學習的，喜歡將一樣東西製作成另一樣東西，喜歡談這說那。而且我們的智慧是某種自動裝置，所以它需要的只是方向，讓所有的事都做得有分寸、有秩序、有好處。

　　這裡還得補充一點，每個人都是不想要片段的東西，而是想要連貫的。沒有人願意被禁錮在狹小的圈子裡；沒有人願意要局部，而不要整體。如果懷疑這一點，那麼就讓他去找一個對愛好全神貫注的孩子做個實驗。你一開始要對他講一個他能理解的小故事或者寓言，講到一半不講了，非常想知道整個故事的他一定會纏著你不放，央求你接著講下去。其他的事情也是一樣的，如果你動手替他蓋個小房子、做個籠子或者別的類似的東西，他一定會求著你做完，或者自己想辦法做完。同樣那些牙牙學語的孩子，都要對他聽到的完整的語言進行模仿，無論好壞。那麼在包羅萬象的學校，怎麼能希望完全一樣的情況不發生呢？它難道不像一個表演一連串吸引人故事的劇場嗎？

　　泛智的課程要有泛智的方法，這樣的方法即要全知、又要處處自相適應，還需要輕鬆愉快，讓教者和學者不會因為費力而心生牴觸情緒，而是從中可以感受到勞動的果實和樂趣。於是學校再也不是迷宮和舊磨坊，再也不是監獄，再也沒有對腦

力的折磨,而是娛樂和宮殿,是天堂,有的只是極大的享受。

制度是這類學校最優秀的地方,它包括了學校發生所有的事。因為制度才是一切的靈魂,一切都是透過制度產生、生長和發展,並最終實現完善。哪裡擁有穩定的制度,哪裡便擁有穩定的一切;哪裡的制度動搖了,哪裡的一切也會跟著動搖;哪裡的制度出現了鬆垮,哪裡的處處鬆垮、陷入混亂,而制度恢復之時,也是一切恢復之時。

泛智學校鞏固的體制表現在學校擁有一整套的制度,它的內容包括人和事、時間和地點、書和作業以及假期等等。學校是為人類的孩子建立的,所以就應該讓它的運行像十分精確的鐘錶那樣,裡面有維持自身的運轉所需要的一切,一點沒用的東西都沒有,即使是那些最小的輪子、圓柱或齒輪都是有用的;這些零件都有自己固定的位置,都是只在受到重力的作用才會轉動,而且是有規律的轉動,它們的轉動讓人聯想起天的轉動和世界時間的推移。

制度讓學校成為一座智慧的工廠,這裡像一座印刷廠,在這裡書的印刷速度是如此之快,而且印製精美,都是按照規定的正字法印刷的,其正確程度簡直難以置信。在我看來,在學校當中知識也應該是這樣,輕鬆、迅速、完美和準確的印在感官和頭腦裡並累積起來。就像在印刷廠那樣,不是一天印一整本書,而是每天印一頁,這樣一段時間過後,就可以印出成千上萬部精美的大部頭的書,它們都是知識的傳播者。

為避免學校出現混亂,我試圖用精確的制度將一切統管起來。

　　(1) 教學內容。(2) 負有教與學之使命的人員。(3) 教學工具：書及其他。(4) 教學地點。(5) 規定上課的時間。(6) 課程本身。(7) 休息和假期。

一、關於教什麼和學什麼的制度

　　為了方便實行，這一部分應開宗明義的提出要求：

- 基本的優先於其他的；
- 重要的優先於不重要的；
- 有關聯的一起學。

　　基本的是：

- 和理性相比，感性的是基本的；
- 和局部相比，整體是基本的；
- 和複雜的相比，簡單的是基本的。

　　對其他動物來說，人更重要；和肉體相比，靈魂更重要；同樣，和肉體的相比，精神的東西更重要；和地上的物質相比，天上的更重要；和暫時的相比，永恆的更重要。

　　概念是事物在頭腦裡的形態，而語言又是概念的形象，所以可以得出一個必然的結論：應該對那些仔細觀察後，頭腦裡就可以構成其形態的事物進行研究，了解後就可以立即學會它們的名稱。因此應該將事物、思維和語言這三部分事物經常結合在一起，而且要做到對事物的感知在前，然後指出應當怎樣正確的理解它們，最後進行命名。如果漏掉了其中一樣，就會

出現問題；如果順序反了，就會出現不穩定。

外部感官對事物的知覺要比概念早，因為意識到的一切都是先感覺到的。在英才學校裡，為什麼應該先教感性的，然後是理性的，最後才是需要信仰和聽從？另一個原因是：最好按照其產生的先後來認識事物。人只有看見自己的形態以後，才能做到對自我的認識；到了那時，他才會意識到，他是縮小的世界，他利用各種方式，逐一對比、區分而又綜合事物的抽象形態，他才擁有了自身的理智之光和快樂。毋庸置疑的是，應先教學生感性的，然後是理性的。

整體和局部，要先學整體，因為整體大於局部（每一個整體都比自己的某一部分大），而且先接觸我們的感官，留下較深的印象。我們可以離得很遠就能看見大的物體，而不走近和逐一細看，是無法看見小的物體的。其次，整體是一樣東西，局部是很多個東西。和對很多個東西相比，對一樣東西進行了解要更容易和更快。對類與種也是這個原則；孩子學會認識樹，要比了解樹的品種更容易。所以「完整的事物」，也就是類，應該是教與學的第一個對象，然後才是局部和品種，讓對於個別的、專門的事物（個體）的認知，成為人類智慧的高等階段的組成部分。

簡單的也應比複雜的要早學，也是因為容易學。比如一個男孩學會寫和讀 10 個數，顯然要比學會寫和讀各種多位數直至無窮大要快很多。同樣的道理，學會 25 個字母，要比學由它們組成的好幾千個詞容易得多。因為在學習語言、知識、藝術、科學、智慧時，將出現的某些簡單的事物進行綜合和各種

分類，物質的多樣性由此產生（所以這些簡單的事物可以稱為知識的基礎），先適當的講講這些基礎知識，是讓教學變得輕鬆愉快、明白易懂的教學方法的組成部分。

最後，將有關聯的事物結合起來一起學的方法是可以省力的，比如寫和讀一起學，認識事物及其命名一起學。所以，對語言的理解、系統的運用和正確的使用也可以結合起來。這種教學應該按照以上這些要點進行，然後走向下一個階段。

二、有關人員的制度

透過將學生按照年齡和成績分成班組，在學校裡建立起和人員相關的制度。這樣劃分出的班組一般稱為「班」。班無非是將成績相近的學生結合成一個整體，好能夠更容易的帶領學習內容相同、對學習勤勉程度相同的學生朝著同一個目標努力。

為了按照廣度將可認識的物質世界全部學到，我們安排了七個年級（將學基礎閱讀的國語學校安排在前面）。三個低年級應該用來引起外部感覺；接下來同樣多的年級對事物的理解進行完善，我們可以將可認識的物質世界劃分為客觀存在、意識和語言的存在，所以我們將幼年的一、二、三年級主要用在學習語言上，也就是感性的分析對事物的膚淺認知。我們四年級學習客觀存在，哲學透過對比和發現一切事物的規律解釋了這一存在。到了五年級，則深入到人類智慧的奧祕，對意識存在進行研究。六年級時要從上面的這些內容中總結出對現世生活進行合理安排有用的東西。最後的七年級充分展示了未來生

活的道路，即追求幸福者的道路。

我們將這樣為這七個年級命名，以示區分：(1) 門前的（前廳的）；(2) 入門的；(3) 內廳的；(4) 哲學的；(5) 邏輯的；(6) 政治的；(7) 智學的。

由此可見，我的做法部分遵循了一些建議，即建立三個語法年級和一邊多的社會科學年級。這裡第一次出現三種用於講解的語法：即基礎語法、結構語法和美化語言的語法。然後是：

- 直接用於所有事物的人的頭腦的認知能力；
- 針對自身的精神力量 —— 在規定範圍內控制自己；
- 改進人類社會的意向。

三、有關教材的制度

七年制的學校，就應有七本書，所有明智的教學內容都包括其中，可以在書中找到一切必需的知識，而不必再去別處去尋找。這樣做的目的，是讓每一個讀完學校所有年級和學完所有年級規定的書的學生，畢業後是一個博學的人，而不會在面對必要的知識時，陷入有害的無知。

前面提到的每本書都應該包括和年級相關的課程，這讓每一個學生確信，他可以將自己的知識隨身攜帶，誰都不會將他的這一財富奪走，他便可以更奮發的前行在自己知識的海洋當中。每一本書，都不應讓教師和學生感覺自己在迷宮中徘徊，而是像在迷人的花園中一樣，能夠在書中得到快樂。

四、有關地點的制度

關於房間，應該建立這樣的制度：第一，有多少個年級，就有多少間教學用房；要不然教者和學者將無法做到不受干擾的做自己的事，那些在做別的事的人的相貌和聲音一定會對他們構成妨礙。所以，為了讓所有做一件事的人可以更好的集中注意力，應該將他們與外面的鬧聲隔絕：因此教室應該做到彼此分開。第二，一定要將每一個教學房間進行進一步劃分，尤其是學生比較多時。學生應該每 10 人分成一組，為每個組安排單獨的房間，然後每組指定一名年齡最大、才能出眾或特別勤勉的學生，擔任組長，授以「指導員」、「檢查員」或「教育員」的頭銜，也可以是已經讀過本年級，通曉學習內容的人來擔任，這樣將有利於更好的幫助班級導師。他的職責將是：

- 觀察所有組員是否都按時進入教室，各就各位；
- 督促每一個人的學習任務；
- 發現哪位組員能力較差或者比較遲鈍，跟不上學習進度，為其提供協助，或者報告教師。

總之，他應保護像保護託付給他的羊群一般的這 10 個人，帶著他們，在勤勉和德行方面做出表率。如果他對自己的職責沒有盡心盡力，就要解除他的組長職務，而且還是要當眾解除，讓別人引以為戒。

最後有一點還應當指出，那就是教師應當占據一個合適的位置，讓他能看見每一個人，也能被每一個人看見。教師的這些做法都是我不能容忍的：要麼站在某個角落或一邊，要麼在

學生當中走來走去，一會走向這個學生，一會靠近那個學生，單獨的對某個學生（或者幾個學生，但不是所有學生）講解或口述什麼……教師應該站在高處，像全世界的太陽，可以同時將教學的光芒普照所有的學生，而且愛是同時發出的同樣的光，均勻的將每一個人照亮。所以講臺應該比凳子高一些，對著窗戶，這樣教師在黑板上畫什麼的時候，大家就都能看得清楚。

五、有關時間的制度

那種需要努力獲得才智的地方，是最需要對時間進行明智的支配的，這會讓點滴的智力都為頭腦帶來更多的創造力，而不是白白的浪費掉；另一方面，計算好時間，不讓頭腦感受到壓力。時間雖然很充裕，但是因為我們十分吝惜，總覺得時間還是太少。泛智學校的時間應該如此安排，讓每一年、每一月、每一日和每一時都有一定的任務，而且這些任務都應該按時完成。這需要怎樣去做呢？

各個年級的全年教學任務，應該是適合於中等智力的人進行學習的，讓其能在一年的時間裡相對容易的掌握，但是還要注意，要讓頭腦敏銳和頭腦遲鈍的學生基本在同一時間內掌握。這樣做的好處將會是實質性的：限制那些智力過於發達的人，讓他們不會過早的衰退；同情、鼓勵那些頭腦有些遲鈍的人，帶動和幫助他們，讓他們至少不落後。

可見，一個好制度是這樣要求的，各年級應在同一時間 —— 春季或者看起來更合適的秋季，開始和結束本學年的

課程。所以除了這個時間，一般不再收任何人進校，好讓全班學生的學習進度保持一致，都能在年底結束一樣課程的學習。這就像在印刷廠印書一樣，印刷開始的時候，一本書應該印多少冊，每頁書就印多少份，印刷開始後就再也不能增加或減少了。如果按照這樣的規定執行下去，那麼一年之後，各班就能用學識的增長表示他們全體成員是可以升入高年級的。

　　至於每個月、每一季、半年及其他的教學任務，以後我會詳細的談。現在我只想指出這樣一點：每天少年男女的學習時間不應超過六小時，這只是指在課堂上的時間；除了和娛樂和家務勞動有關的作業外，不應再安排任何家庭作業了（特別是在低年級）。如果有人提出異議：一點校外作業都不留給學生，等於給了學生太多的自由，對此我的回答是這樣的：

- 學校既然稱為教學工廠，那麼就不應該在校外，而應該在校內為科學成就創造條件。

- 無論安排學生在校外做什麼，他們都只會浮皮潦草的去做，而且會做錯，少年就是這樣的；與其做錯，不如不做。

- 我的工作時間是這樣安排的：學習八小時，同樣多的時間留給夜晚休息，還有八小時安排給了娛樂和日常勞作。我請求大家保持耐心，讓學生在做自己想做（這是符合他們的少年天性的）的事時，不致有時間不夠的感覺，讓他們做自己的事，同時願意再按照我們的想法，做他們應該做的事。

　　不過這每天六小時的功課，絕對不能持續的進行，課間應

該有休息的時間。午前應主要安排對智力、判斷、記憶的訓練，午後則是對手、聲音、文體和動作的訓練。

六、有關課程的制度

構成各年級的課程應有以下幾部分構成：主要的、次要的和第三位的。主要課程包括口才、智力、誠實行為，還有虔信的實質、核心和內涵的一些課程，比如語言和哲學的學習。

次要的課程是主要課程的輔助課程，也是必不可少的，可以讓學生更好的掌握主要課程，歷史課就屬於次要課程，上歷史課的目的不在於了解一些一般的、已有明確結論的世界大事，而應收集一些比較特殊的事件。

至於第三位的課程，我指的是那些對口才、智力、良好的德行幫助不大，但是對強身健體和煥發精神卻有極大裨益的課程，比如各種娛樂、遊戲等，都屬於這種第三位課程。因為泛智學校的課程應該包括這一切課程，所以要用統一的制度將它們包括進來，使它們不僅不會互相妨礙，還可以互相促進。

主要課程的安排要按下述幾點原則進行：(1) 在每個年級，(2) 循序漸進的進行，(3) 按照同樣的方法。

我說在每個年級，是要求學生要時時處處都有提升，如：

- **感覺**：要可以更清楚的對事物進行觀察。
- **智力**：對事物要有更深的洞察力。
- **記憶**：要能更好的吸收知識。
- **語言**：已經理解的事物，要能更好的表達出來。

- **雙手**：要可以日益熟練的製作需要的東西。
- **精神**：要可以更好的做所有值得尊敬的事。
- **內心**：要更加熱愛和更加熱烈的召喚神聖的一切。

我說的循序漸進，指的是我想讓在一年級打下基礎的課程，在隨後的幾個年級都繼續獲得提高，就像今年栽下的小樹，以後每年都越來越枝葉茂密一樣，它還是保留著原有的枝葉，只是發育得越來越粗壯了。

因為每門課程都有嚴格規定的三個階段：開始、繼續和結束，所以我們會在規定的學習時間內，一步一步的來。所有的這些階段，都包括在意義最為重要的七門課當中。

當每個年幼的兒童將眼睛朝向亮光，將耳朵朝向發出聲音的地方，用牙齒去咬美食時，感覺的第一階段，或者稱感性認識階段就到來了；成年不過是接受過技藝訓練的人的第二階段，是透過無數次的訓練，才能夠看見和聽見很多東西。到了第三階段，人們已經了解了行為的方法、原因，知道了怎樣區分光和色彩、輻射、幻影、視覺儀器還有屬於別的感覺的東西，並已經掌握了該怎樣運用自己敏銳的感覺，去領悟一些奧妙之處。

對事物的理解也有三個階段。第一個階段，我們歷史的知道了某一事物的存在，第二階段，則是科學的認識到具體是怎麼回事，其存在的原因，而在第三階段，我們可以借助推理，也就是利用理性對一樣事物的原理進行仔細觀察，我們甚至可以發明出一種新的、同類的事物。比如一個人了解了指南針的

用途，而且只是根據經驗才知道怎麼使用指南針，那麼他還處於知識的第一階段。但是如果他明白了指南針的構造原理，那麼他就來到了第二階段。如果他能夠更進一步，能發明一種新型的指南針，那麼就象徵進入了第三階段。

記憶的各個階段是這樣的：第一階段，一般的記住了某項事物；第二階段，可以列舉出更多和更重要的事物；第三階段，可以將全部內容複述出來，甚至是細枝末節的內容。

對語言的學習，同樣也可以分為幾個階段：單個的詞、連貫的語言，最後是口才。第一階段，是要學習語言的原理，學習那些需要單獨理解、發音和變化的詞，尤其是一些短的詞，還有一些原始的簡單詞；第二階段，開始學習怎樣遣詞造句、造綜合句；第三階段的任務，就是學習怎樣用所有這些語言成分，來形成令人高興的、為別人留下印象的語流。

讓我們的雙手也習慣於動作，還有一定的活動：首先，我們支配它，讓它在理智的支配下運動，然後是做事時不會出現明顯的錯誤，最後的要求是要做得快而漂亮。

在舉止上，我們會有同樣的發現：我們首先要避免出現不文明的失禮行為，然後小心出現小的失禮，最後達到我們的行為、動作、言辭等一切都得體，而且令人愉悅。

我之前提到了，所有的主要課程應按照一樣的方法進行，具體做法如下：

- 同時講解一些概念、詞和課程；
- 透過具體的認識、理解、運用；

・透過舉例、規則和練習。要實現每一天都留下痕跡，每天的知識都有新的、明顯的增長。

我說的次要課程是用來作為主要課程的輔助的，也就是：

・歷史課。

・出於直接的好處而安排的智力課程。

・一些讓部分學生在常規課程以外學的額外課程。

學習歷史可以讓人特別高興，它可以激起幻想，豐富語言，增長學識，提高判斷事物的能力，亦可以潛移默化的產生審慎、明理的作用，因此我提出，在各個年級，歷史課都和主要課程一起進行。不過這一課程應該按照階段進行安排，好和各年級的主要課程的目的保持一致。比如，三年級的學生（不能再早了，因為沒有必要，對初學者來說，事物的名稱就可以用來代替歷史），可以選些關於日常生活的故事 —— 比如可以讓人愛善憎惡的道德故事。對於哲學的年級 —— 四年級而言，學習自然發展史是可以的。到了五年級，這是邏輯的年級，比較適合學機械問題史，它讓人的頭腦感到快樂，它敘述的是人們在過去探索和發明了哪些東西，以及在將來還要探索和發明什麼東西。對政治的年級，也就是六年級來說，習俗史將大有益處，它講的應該是各民族人民的風俗習慣。在最後一個年級，我們會愉快的學習通史，它講述的對象，應該是世紀的流逝及人類的聰明和愚笨的種種衝突（無論是人類相互間的，還是人類與天意的衝突），還有各類驚人的事件等等。

只有練習，才能讓人手巧，而我們渴求的是人們對一切內

行，對一切都擅長，適合做一切，所以我們要求各年級的學生都在實踐中練習讀寫、複述和爭辯，將母語和外語互譯、辯論和朗誦等。這類練習可以分為：(1) 感覺練習，(2) 智力練習，(3) 記憶練習，(4) 歷史練習，(5) 文體練習，(6) 語言練習，(7) 聲音練習，(8) 德行練習，(9) 虔信練習。

感覺練習很有必要，不管何地何時，都不應該中斷感覺連結，因為對於意識來說，感覺是科學的嚮導。因此我們應努力讓學生感覺到我們想教給他們的一切，讓他們可以直接觸摸到物體，讓它運動起來，引發感覺，而感覺又引發意識，由此就不是我們在向學生講，而是事物自己在講述了。我們在學校裡也應該這樣，那些關於事物的必要知識，我們要透過事物自己教給學生，也就是應盡可能的將事物本身，或者代替本身的圖畫展示出來，以供學生直覺的接觸：看、聽、嗅、摸。如果我們用各種圖片、文字、格言、標記掛滿教室的所有牆壁裡裡外外，這也將是感覺練習的一部分，後面還會詳細介紹。

也可以在書裡大量出現這類圖畫，為此會產生一筆一次性開銷，不過這樣的做法不只對製圖的學校，對所有的學校都是有好處的。這樣的做法更可靠，這樣教導學生，就不僅可以在公共教室進行，而是可以在任何地方。這兩樣都應該做到，讓無論是牆壁還是書本，都有各種事物的、我們想讓年輕人牢牢記在腦子裡的圖像，讓他們隨處可見。這裡是適合「寧多勿缺」的原則的。

一般來說，智力練習將在單獨上的課上進行，按照我們的方法進行。先用插圖對每道題進行講解，同時問學生是否理

解，以及理解得怎麼樣。每週末或放假前組織複習也是很好的辦法，這一點可以按照教師的決定進行。我們的教育對象是人，而不是鸚鵡，所以他們應該始終處在智慧的指導下。教師應讓這類補習的內容涵蓋本週、本月和本學期學習的內容；補習時，應該表揚那些勤勉、聽話、知識掌握牢固學生，批評其餘的學生。

　　記憶練習應該持續進行，昆體良（Quintilianus）說得很對：「我們記住了多少，就知道多少。」但是無論怎樣，我們也不能去加重學生的負擔，讓他們在家時也要辛苦的背誦；我們要做的，只應該是相當愉快的對已經理解清晰的內容進行複習，實現自然而然的將一切牢牢記住。為了驗證是否已經對所學內容形成了深刻的印象，不妨組織這樣的練習：讓學生相互挑戰，看誰能最為準確的複述之前的功課內容。比如可以在每星期的考試時間，讓最低名次的學生聽最高名次的學生當著全班同學的面較量記憶；最高名次就是對優勝者的獎賞。透過這樣的競賽（低名次的想提高，高名次的害怕下降）可以激勵所有學生一起奮發用功，還在最大程度上對記憶進行了鞏固，充實了學生自己的智慧寶庫。

　　歷史練習可以歸併到記憶練習當中，因為學生也可以相互比賽歷史內容，無非是用不一樣的辦法而已。比如可以將一小時（哪怕是星期三午飯後的一小時也可以）規定為為全校學生讀《公民報》的時間，如果本地有這樣的報紙的話。如果沒有，也可以讀法國、比利時的《水星報》，並解釋在最近的半年當中，地球上發生了哪些不尋常的事情。這樣的好處有以下

這些：

- 對學生的語言運用，有鞏固的作用；
- 在一定程度上，對現代史的學習（比如知道現在有哪些國王，他們都和誰講和了，哪國的人民和誰交戰，發生了哪些戰役，哪些城市失陷了等），也有促進的作用。
- 還有，學生也可以順便對地理和各國國情進行了解，同時對那些不熟悉這些內容的學生、教師也可以講得比文章作者詳細，因為作者他不過是對熟悉地點和人物的讀者，簡要的描述事件而已。

應該每天進行通常的文體練習，時間可以安排在午後的最後一節課上，練習是為了訓練用手可以敏捷的將自己的思想表達出來。同時也可以組織一些不常做的練習，比如在三年級開始建議學生多寫信，寫給誰不重要，比如是寫給在外地的親友，還是指定兩個學生互相寫信都可以，還可以大家一起寫一個題目。教師應經常（哪怕只是在每月月初）問，每人上月都向誰寫了多少封信，是不是用心寫了。然後請一個學生朗讀他自己的一封信。最後如果哪個學生認為自己更勤勉或者比平時運氣更好，他寫的信寫得比剛才聽到的那封更好，就請他站起來，讀一下自己的。這類練習對鍛鍊智力及文風的好處，真的大得令人難以置信。

如果拉丁學校只說拉丁語，那麼就會給學生很好的練習語言機會。為了達到語言純正道地的目的，在規定時間外組織會話是有幫助的，而且要這樣進行會話：我們用白紙做一個小本子，稱它為「普里斯齊安的鞭子」，它充當勤勉的衛兵或者「更

正的紅旗」，被發給違反了普里斯齊安語法的人，他要將自己
犯的文風錯誤記在小本子上。就這樣就有了錯誤彙編，學生可
以翻看一下小冊子，就知道他們最容易犯哪些錯誤，也就知
道了避免出錯誤。還可以對處罰的程度進行規定，即對初犯的
人懲罰極輕，第二次犯同樣的錯誤者則要罰得最重。這是因為
那些屢次受罰的人總也不醒悟，往往會表現得非常頑固。這個
「普里斯齊安的鞭子」的優點是它讓學生努力不再犯一樣的錯
誤。另外，它還特別有利於去掉本族語的成分，如將讓拉丁語
不成體統的匈牙利語、斯拉夫語和日耳曼語的成分去掉。我們
用「普里斯齊安的鞭子」，可不是用它來懲罰犯錯誤的人，而是
作為防止錯誤出現的方法；它讓學生看到自己和別人的錯誤，
從而不犯錯誤。

　　音樂還有每天在校內校外唱歌都是聲音練習。每個人都不
應該免去這項任務。

　　我們的教學目的十分崇高，我們應注意對學生品德的培
養，助其養成高尚的德行。這會為每個人增光添彩，培養他們
形成討人喜歡的待人接物態度；此外還要培養言辭、動作和行
為優雅，辦事機靈。所以應該組織一些練習，讓少年們透過
這些練習習慣做所有值得尊敬的事，而且還要做得恰當而有毅
力。這類練習如下：

- 教師應該注意讓少年保持充沛的精力和集中的注意力，做
  事不畏首畏尾。
- 教師經常安排他們關心一件事或者完成一項任務，然後對
  所做的事，以應有的方式有條理的進行匯報。雖然有時並

沒有這樣做的必要，因為教師自己或者透過別人可能會做得更好，但是出於訓練學生勤勉和辦事能力的目的，絕不能忽視這種練習的意義，尤其是那些教師想提高其積極性的學生。就像我們是透過寫字來學習書法，透過繪畫來學習繪畫，透過唱歌來學習唱歌一樣，我們學習工作，用的也是工作和採取各種行動的辦法，在做中一點點學的。我們這裡援引一條原理，很像先知的名言：工作當中，我們自己也獲得了進步。

- 然後全校和所有年級也是一個國家，有自己的元老院以及元老院主席、執政官、法官或者大法官。在專門規定的那幾天裡，他們會在全校大會上對案件進行審理，和一個擁有完善制度的國家一樣。這是在利用讓少年習慣這類活動的辦法，來對他們的生活能力進行培養。

關於第二位的課程，還有一點須指出，那就是有的人應該做一些額外的作業。某些作品是值得了解的，既不用讓人疲憊的解釋，也不用教師進行參與和指導。伊拉斯謨[01] 的對話集及

---

01 伊拉斯謨（Desiderius Erasmus Roterodamus，西元 1466～1536 年），
也譯作伊拉斯姆斯、艾拉斯默斯、艾拉思姆斯、伊拉斯默斯，史學界通稱鹿特丹的伊拉斯謨（Erasmus von Rotterdam），是文藝復興時期尼德蘭（今荷蘭和比利時）著名的人文主義思想家和神學家，為北方文藝復興的代表人物。伊拉斯謨是一個用純拉丁語寫作的古典學者，並曾撰文尖銳的批評羅馬天主教會的驕奢腐敗，引發了歐洲各地教會呼籲變革的聲浪。

其和德行有關的論文、馬努提烏斯[02]、塞內卡[03]等人的書信、涅波特[04]、游斯丁[05]、庫爾齊（Kurtsyn）等人的歷史著作，還有詩人和別的不同內容的類似作品，都是屬於這一類的。

　　這類額外的閱讀之所以可能，有三個原因：

- 閱讀課內的作業是面向中等智力的，因此，為了讓那些才能更大的學生不致無事可做，或者在已經領悟的內容上耽擱時間，應該允許他們學更多的、並沒有脫離年級課程的內容，多讀一些其他的作品。這種閱讀並不會影響規定課程裡的內容，反倒對消化理解還是有幫助的。

- 競賽會激發別的學生的勤奮以及對學習的熱愛，因為沒有哪個人（除非是那種對學習徹底漠不關心的）願意落在最後面。

- 學生透過閱讀，可以學會（在教師的指導下）怎樣正確的閱讀作家的作品。

---

02 馬努提烏斯（Aldus Pius Manutius，西元 1449 ～ 1515 年），義大利人文主義學者和印刷商，在威尼斯創立阿爾丁出版社，出版希臘文和拉丁文的古典著作。

03 塞內卡（Lucius Annaeus Seneca，約西元前 4 ～ 65 年），古羅馬時代著名的斯多葛學派哲學家、政治家、劇作家，生於羅馬帝國西班牙行省科爾多瓦。曾任尼祿皇帝的導師及顧問，西元 62 年因躲避政治鬥爭而引退，但仍於西元 65 年被尼祿逼迫，以切開血管的方式自殺。塞內卡主張：提高道德、智慧，保持精神上的安寧是人唯一的任務，宣導禁欲主義。

04 涅波特（約西元前 100 ～約西元前 27 年），羅馬歷史學家，他的作品是學習拉丁語的必讀書。

05 游斯丁（Justin Martyr，天主教慣譯猶斯定），西元 2 世紀基督教的護教士之一，於西元 165 年前在羅馬殉教。天主教相信他是哲學家的主保聖人。正教會與普世聖公宗也尊他為聖人。

　　這裡要注意安排得當。首先，在一個年級的課程剛開始時，應讓學生對必讀的作家和必學的功課進行熟悉，並讓這些東西裝滿他們的頭腦，而不要讓他們學這個範圍以外的內容，只有在一個月、兩個月或三個月以後，額外的閱讀才是可以允許的。其次，不要讓一個學生讀各個作家的作品，正確的做法是讓一個學生集中讀一個作家的作品，而讓另一個學生集中讀另一個作家的作品，以免帶來混亂。教師應該斟酌下如何安排學生向其他的學生講他讀的這位作家的特點和風格，並講一下怎樣開券有益，在閱讀中怎樣發現值得注意的東西，在自己的筆記本上記下來。還要讓教師在每週一次的課外時間，召集起來這些學生，了解一下各自都讀了多少指定作家的作品，並讓他們將所做的摘要朗讀或者背誦出來。這樣的活動，其餘的學生也應該在場，這樣他們如果發現有什麼值得注意，或者是寫得美的地方，也可以記在自己的筆記本上。這樣少數學生讀到的有用的東西也就分享給了全體，也就為那些才智相對一般的學生帶來好處，他們沒有進行額外閱讀，也能掌握其要領。

　　與其說第三位的課程是促進智力發育的內部鍛鍊，不如說是促進身體發育的外部運動，並可以利用運動保持頭腦清醒。尤其是遊戲和戲劇表演，都是屬於這一類的。

　　我們所理解的遊戲，指的是精神和身體的運動。少年不管怎樣都不應該制止，而是應該提倡的，但是一定要妥當進行，使其有益，而不致有害。比如定點跳、適度的摔跤、玩大小球類、九柱戲、捉迷藏以及別的類似遊戲，都是屬於這一類的，都可以進行，而不會對身體有害。去戶外或者花園散步好處也

多，但是和別人一起比自己好，因為有利於練習會話、休息和恢復精力。坐著玩的遊戲也是可以的，不過應該只限於那些可以鍛鍊智力的遊戲，比如象棋等，玩紙牌和骰子則應徹底禁止，首先因為這是賭博，其次不知道是什麼結果，神經上很容易受到刺激，不利於休息，還有經常濫賭會敗壞名聲。

我知道有些學校將戲劇表演，尤其是喜劇表演給廢除了，但也有些人出於保留它們和在沒有戲劇表演的地方進行表演的目的，提出了一些言之有理的根據。第一，和說教和紀律相比，在舞臺上、當著觀眾的公開表演，對培養人敏銳的智力有更大的作用。表演可以將那些需要記住的東西以生動的形式表現出來，和單純的閱讀和傾聽相比，更容易讓人記住。用這種方法，可以很輕鬆的記住大量的詩歌、名言甚至整部的書，然而靠翻來覆去的重複能記住的東西卻要少得多了，而且還不好背。第二，對學生來說，戲劇表演是最好的勉勵，因為他們明白會當著大家的面對勤奮提出表揚，對怠惰提出批評。第三，對於教師來說，這種檢驗由他們培養的學生是不是勤勉的辦法，是一種鼓勵，也是展現自己努力工作的機會，這可以讓他們確信，託付給他們的學生在舞臺的表演是不是成功和他們的表揚有關。第四，這種表演也會讓家長很開心，他們看見自己的孩子進步神速，看見他們為觀眾所歡迎，也就不會吝惜花費了。第五，這種方法十分適合發現突出的天才、誰適合什麼課程、在那些不幸的學生中誰是更應該獲得鼓勵的。還有（這一點是最重要的，僅此一點就可以將戲劇表演的大部分好處表現出來），因為人的一生，應當用在談話和行動上。學校承擔了

教育人們的任務，而透過實例和模仿這樣簡潔和愉快的途徑，少年就可以習慣對事物的各個方面進行觀察，熟練的掌握表情，隨機應變，總而言之，就是在各種角色和各個方面都舉止自如、得心應手，農村的靦腆作風一掃而空。

　　有些人的反駁一點意義都沒有，他們說，在古人看來當演員可恥。這是大錯特錯的，這是因為，首先，眾所周知的是，像西塞羅 [06] 這樣的偉人和對自己名譽嚴格要求的人，也都和演員成為了朋友；其次，我們絕不是在稱頌演員這個職業，而是要透過表演這種適合少年的方式，為認真辦事打好基礎。還有，的確有的喜劇情節比較庸俗、輕浮和骯髒，有些詩句也比較齷齪、難以啟齒，出場的角色盡是些賣淫女、寄生蟲、拉皮條的人、狡猾的奴隸、放蕩的花花公子等這類人；這些當然不知道最好，更不用說讓擁有良好品行的少年去扮演這些淫穢的角色的壞處了，不過我們可以選那些好的故事（無論是世俗的、真實的還是杜撰的），對於一個受過教育的人來說，它們有朝一日是會有用的，利用愉快而生動的表演，不僅牢牢記住了故事，對積極、迅速的想像也是很有幫助的。

七、關於課間休息和假期的制度

　　之前我們說的是和課程有關的制度，現在來說一下課間休

---

06 西塞羅（Marcus Tullius Cicero，西元前 106 ～前 43 年），是羅馬共和國晚期的哲學家、政治家、律師、作家、雄辯家。他出生於騎士階級的一個富裕家庭，年輕時投身法律和政治，其後曾擔任羅馬共和國的執政官；同時，因為其演說和文學作品，他被廣泛的認為是古羅馬最偉大的演說家和最具影響力的散文作家之一。

息。因為不能和休息相輪換的事，是無法持久的（而我們的希望是持久的發育智力），所以一定要在學習後接著休息 —— 也就是要有安靜的間隔時間。休息時間應該是什麼樣的？應該是每小時、每天、每週和每年都要有的：每節課後，在緊張的腦力活動後要休息半個小時，而在早餐和午餐後要至少安排一小時的散步和娛樂。再就是每天的工作結束後要有八小時的安息和睡眠。其次就是一週要有兩次，也就是週三和週末的午飯後所有時間不要排課，完全由個人自己進行學習和娛樂。

如果有人覺得我們在安排假期上過於慷慨了，則他應該意識到，一年當中還有整整 42 週是用來學習的，一週 30 個學時，一年下來就有 1,260 學時。遵循我們的方法，每小時都會獲得進步，那麼請想一下，整整一年，我們可以累積下多麼淵博的知識和才智，而整整七年又會是怎樣的呢？

我這裡附上各年級的課程表，課程表越簡單，就越不容易出現混亂和麻煩。

午前時間：

6 時至 7 時，閱讀。

7 時至 8 時半，主要的課堂教學，以理論性的為主。

9 時至 10 時，同上，以實踐性的為主。

午後時間：

1 時至 2 時，音樂或其他愉快的數學練習。

2 時半至 3 時半，歷史。

4 時至 5 時，文體練習。

第二節　關於建設七個班的原則和設想

我們的論述基於這樣一個假如的前提 —— 每個班都有自己的固定教室，我們一次，分別論述和研究各個班級。

1. 各個班級怎樣稱呼，依據是什麼。

2. 教室的牆壁用什麼樣的圖像裝飾。

3. 主要的課程選用哪些課本。

4. 在早餐後的數學練習安排什麼內容。

5. 歷史課的學習內容應該怎樣安排。

6. 應該安排哪些文體練習，使用什麼方法。

7. 補充課程（作業）的內容應該如何設定，怎樣安排。

8. 按照各個班級的特點，允許進行一些怎樣的遊戲和娛樂活動。

9. 各個班級應該進行一些什麼樣的考查和考試，演出一些什麼樣的節目。

一、「門前」班（入學前的預備班）

一塊釘在門上的牌子寫著：「不識字的人，不要進入此門」。

這句話的意思是：那些不識字的人，不應該讓他們到「門前」班來，我們只允許那些已經掌握閱讀的人入學。如果收了那些還不會閱讀的兒童，對這個班的教師，甚至對這個班的所有學生而言都是一種拖累。所以新生應該在別的地方完成入門

的基礎訓練，這樣，到這裡的他們就已經是識字的了。

為了讓進入這個班來的人能在感官上獲得教益，要在他們所有注意力所及的地方比如教室的四壁，寫上他們將要在這裡學習的課程的主要內容，即：

- 拉丁文字母（包括大寫和小寫，古體和斜體）的標準書法，學生要學會並可以臨摹。

- 是名詞變格和動詞的變位規則。學生在最初學習名詞變格和動詞變位時，當他們還不得不借助這些寫在他們面前的規則時，他們對此不會感到厭煩。以後，當他們在不斷的練習中已經切實掌握並鞏固了這些學到的規則後，就會喜歡憑藉記憶進行回答，因為用眼睛看著回答容易讓人感到疲勞。

- 在學年結束前，學生必須牢牢記住的一些最簡短的、富含人生哲理的道德訓條。

- 第一冊供「門前」班使用的課本名叫《*cardines rerum*》，即《事物的極限》；它講述了組成世界的「最基本的事物」，講述了語言賴以發展起來的詞根。因此，它將孩子們一開始需要掌握的，並且是最起碼的基礎知識以及為孩子們補充的道德教義都包含其中了。

也應該為數學的教學規定一個明確的方針，讓大家都知道柏拉圖那個掛在自己學校門口的牌子 ——「不懂幾何學的人勿入此門」並非戲言。古代有一個不錯的章法，就是讓剛剛接觸智育學習的少年，從數字和度量的學習開始，並且提前進行一些這方面的訓練。世界以及所有和諧的東西，也正好是按照

數、度量和重量組成的。就連我們的心智，也是透過對數量、度量和重量的研究而獲得的啟迪，獲得分析的能力，從而可以更好的對事物進行研究。因此，我們將對現實世界各種事物之數量關係進行研究的科學命名為數學，也稱為「科學」。

實際上，對於那些不懂數學的人而言，很多事物的祕密都遠沒有被揭開。因此，在兒童進入泛智學校的時候，我們將通往卓越智慧的初階放在最開始，好讓兒童在學習字母時同時學會了數字的讀寫和理解。這對他們可以理解並且容易的解釋「門前」班所用教科書裡的數字，是非常有必要的，這是他們學習數的初步。在幾何學方面，我們沒有教給他們什麼的打算 —— 只是讓他們畫點、作線；在音樂方面 —— 會進行音階和視唱的練習。因為我們不能讓詩人不懂音樂。

除了班級課本外，沒有別的歷史教材。為了讓學生經常可以從聽到的故事裡來拓展自己的想像力，讓他們對歷史產生興趣，可以為他們講述課本中的某個故事，用他們的本民族語言。

文體練習無非是抄詞、譯成本族語言，以及還原翻譯、變格、變位等，有時是照著課本或者牆上的變格、變位表進行，有時則是在靠著記憶。可以在學年結束時進行一組聯詞成句的練習。

出於讓學生可以更加勤奮的自學書法和繪畫的目的，我們不會安排除此之外的任何別的補充作業。

可以遊戲，不過前提是要適合兒童的年齡特點以及民族風俗習慣。

這個班將進行一種公開考試形式的戲劇演出：每個學生選一個對手，不斷的向他發問；在學年的第一學季末，提問的內容從《初階書》的第一章中選出，第二學季末則從第二、第三章的內容中，第三學季後用剩下的各章的內容，在一學年後，則從《初階書》附錄中的語法內容進行提問。

如果組織好，那些參加了這場戲劇演出的人都可以在這一活動中獲得不少收益，在拉丁語、哲學及邏輯學的基礎知識會有不小的進步，這是毫無疑問的。

二、入門班

一塊釘在門上的牌子上寫著：「不懂度量知識的人，不要進入此門」。

這句話的意思十分好懂，因為要清楚的解釋事物的各種差異，會用數比較多，所以一定要打好了數學的基礎 —— 起碼是我們為第一班所規定的範圍內的知識 —— 再到這裡來。

要在牆上掛上這個班所用的教科書裡描寫的一些事物（在當地無法直接觀察到的）的圖像，比如可以這面牆上掛著人造物的畫，另一面牆上掛自然物的畫，本民族語言裡應該注意的特殊的語法規則可以掛在另外的兩面牆上。

這個班使用教程的第二冊作為課本，它在形式上，把語言和事物分開編排，即詞彙表（拉丁語和本民族語互相對照）、文法（為自然、洗練的組合言語而進行的充分、鮮明的描述）和課文（適合入門班程度的「造物簡史」）這三個內容編排在一

起，構成一個相互照應的統一整體。

在算術上，學生要掌握加法和減法；幾何上要掌握平面上的作圖；音樂上則一定要徹底掌握視唱。

這個班的歷史教科書就是《入門書》的正文。如果教師在為歷史課安排的一小時內一直在溫習《入門書》的正文，如果他可以在適當的時候，利用任何一個（學生在上一個課時學過的，不管是單字還是內容，學生都已掌握的）資料，採用吸引人的方式，為學生講一些實用的東西，好以此來吸引他們的注意力，將他們的才智激發出來，如果他是一位勤奮的教師，就可以相對容易的激起學生總想聽一些史實的願望。

這個階段的文體練習，要有單句和複合句結構的內容。

學生應該可以找出受任何一個詞（無論是名詞、形容詞、動詞、副詞還是前置詞等）支配的詞，還可以按照規則組成句子。進行這種練習六個月以後，學生可以開始練習，用詞來組成各種類型的句子，這方面的練習可以進行一整個學季。在最後一個學季裡，他們可以進行句子的分析和造複合句的練習。

為了不讓還沒有徹底成熟的智力增加負擔，分散精力，最終貪多嚼不爛，這個班沒有增設規定以外的科目。他們只能學習一門課程教學之基礎課，即：準確理解各種事物，然後把它們的名稱及掌握了的東西保存在記憶裡。

教師來定遊戲的種類。

可以進行這樣的表演：根據《入門書》的課文內容，編成若干個問答，然後替學生分配角色，用對話形式進行表演。

三、「內廳」班

「不擅長口頭發表的人，不要進入此門。」

這句話應該按照西塞羅所說的那句話的意思進行理解。西塞羅說過，他無法教會一個還沒有學會談話的人怎樣演說。如果說這個班的教學內容是潤色詞句，那麼，誰能將他本身沒有的東西進行美化呢？所以我們要求來到這裡的人要懂得簡單的、自然的語言結構，要不他到這裡來是毫無益處的。

如果裝飾教室的牆壁，用一些優美的圖片和挑選出的有關藻飾言辭的訓誡，一定會有不小的好處。

教程的第三冊（內容是事物和拉丁語修飾語的介紹）是這個班的主要課本。第三冊要補充進來用優美文體寫的索引，和被稱為拉丁語詞典的目錄，這些內容揭示了用各種不一樣的形式來讓詞語變得豐富多彩的方法。（有一點要記住：第二班是在說明純拉丁語的泉源，這個班 —— 第三班，則是在介紹它的溪流。）

算術方面進展到學乘法和除法；幾何方面開始學習物體的圖形；音樂方面，不僅要學習交響音樂，還要學習拉丁語詩歌

的基礎知識，包括加圖[07]、奧維德[08]、提布魯斯[09]等人的作品。

　　這裡只做改簡單句和複合句的練習。第一個月練習變動詞和句子成分的位置，後兩個月練習替換用詞，這是一種難度較大的練習；第四、第五個月練習成語的使用，第六、第七個月練習轉喻和譬喻的用法，第八、第九個月練習擴展句子，第十個月練習縮句（對於掌握了擴展的方法的人來說，過來進行縮句的練習是很容易的）；最後第十一個月，可以試著學習一下音律學的原理。

　　我認為替這個班安排補充作業的做法是大有問題的，學生已經有的作業已經足夠多了；他們需要牢固的記住語言中各種變化的方法，還要對這些變化進行仔細的觀察，並可以熟練的進行模仿。只有所有的學生都可以講述任意一個拉丁作家的作品，並使用這位作家的語言將內容表述出來時，這個班才可以說是獲得了豐碩的成果。

　　在一定的時間內安排一定的休息時間是允許的。

　　可以演出一個名為「遊戲學校」的節目（這些節目可能已經

07 加圖（Marcus Porcius Cato，西元前 234～前 149 年），通稱為老加圖（Cato Maior）或監察官加圖（Cato Censorius）以與其曾孫小加圖區別，羅馬共和國時期的政治家、國務活動家、演說家，西元前 195 年的執政官。他也是羅馬歷史上第一個重要的拉丁語散文作家。

08 奧維德（Ovid，西元前 43～17 年 /18 年），奧古斯都時代的古羅馬詩人，與賀拉斯（Horace）、卡圖盧斯（Catullus）和維吉爾（Vergil）齊名，一般認為奧維德、賀拉斯和維吉爾是古羅馬文學的三位經典詩人之一。羅馬帝國學者昆提利安認為他是最後一位一流的拉丁愛情詩人。

09 提布魯斯（Tibullus，西元前 55～前 19 年）。古羅馬詩人之一。著有二卷本輓歌詩作，他最喜愛的主題是浪漫愛情詩和田園生活之趣。

有了），用喜劇的形式。這些節目不僅將最惹人喜歡的事件表現了出來，還生動的介紹了這個班的情況。

四、哲學班（同時附帶希臘語的學習）

「不懂歷史的人，不要進入此門。」

這塊牌子的意思是：還不認識事物本身的人，是無法洞察事物的根基的。因為一定要對事物的研究開始前，了解都有些什麼東西，研究要從哪裡著手，以及研究要如何進行。所以，要讓人清楚，哲學的大門只向那些可以叫出現實世界的事物的名稱，變化它們的稱呼，並且能區分開它們的人敞開著的。現在，因為研究的工作不再只停留在表面，而是深入到了內部，所以對事物的本質進行研究就有可能了。不具備這個條件的人是無法學好哲學的，這可以說已經是一條定論了。

教室裡應有介紹事物的各個方面和部分的掛圖，要有和代數、幾何、機械（靜態的）、解剖學等有關的掛圖，還要有具有一整套設備的化學實驗室的掛圖等。

算術方面，學習比例的規則（所謂的三重規則），幾何方面，開始學習三角學以及和它相關的靜力學的原理，這裡還要補充下器樂的學習。

學生可以在自然歷史的學習中獲得極大的愉快，並且變得更加聰慧，從而可以對在自然界裡所碰到的一切進行更好的解釋；可以從普林尼（Pliny）等人的著作中選編一部分內容，形成一本自然歷史課本。

出於文體訓練的目的，一個教師應該對古代作文家的作品進行介紹。所以，這個班應該安排學習希臘語的課程，（正規的教學時間沒有為這門課程留出一點時間，如果轉到增加的學時內又不合適，因為很有可能會被忽視）。因此，我們把它安排在作為文體練習的午飯後的一小時內，希望不會對拉丁文體的練習產生影響，因為這種拉丁文體的學習還要在下一班進行，更何況用的歷史教材是作者專門為這個班，使用流暢的文體編寫的，它提供了多方面的、和各種事物有關的知識，再加上緊隨其後的語法和修辭考試，能夠吸引學生的注意力。

總而言之，希臘語是這個班一門要學的補充課程。雖然我不否認這種語言內容非常多，學習本身非常困難，但是我們進行的是培養真才實學的教育，就像這所學校所要求的那樣，不懂希臘語，無論怎樣都是不行的，如果有了困難，應該加以克服。

關於遊戲，我不打算說些什麼，在我看來，學生會漸漸的、越來越多的收回放在遊戲上的注意力，放在正經的事上的。只要是符合人的天性、符合兒童年齡特點、有益身心的休息，都不要禁止。

五、邏輯班

「不懂哲學的人，不要進入此門。」

這塊牌子的意思是：如果一個人不能做到用事物的形象來充實靈性，也就是體察事物的能力，那麼他就無法領悟，並

在某種程度上掌握事物，探索事物。何況這種可以為人類所感知、探求、追索的事物，是在一個現在任何東西都沒有的領域中！這裡可以理由充分的引用這樣一句箴言：一個單純的邏輯學家，是一頭純粹的蠢驢。所有，為了不讓人變成蠢驢，我們不想讓那些一無所有，腦袋空空如也的人（或者像亞里斯多德[10]願意說的那樣：一個字都沒寫的白板）到這個班裡來。倒不如先讓他去接管事物的形象，以此來充實自己的靈性──準確的說，是先讓他去接受一些事物的抽象概念（像我們在上一個班──哲學班做的那樣）。到那時，再讓他加入這個班，他就能夠學會掌握他已經獲得的所有寶貴的知識，也可以迅速的、有意識的對這些知識加以運用，來獲得他所需要的東西。

建議製作一些圖畫，也就是經過精選的邏輯學規則圖，可以是經過藝術描繪的靈性顯示圖，也可以是靈性向物的領域的擴展圖，或者這兩者都有，再補充一些經過深思熟慮的、認定為有益的圖像也是可以的。學生現在是沒有獨立製作它們的時間的；而在未來的生活裡，當他接觸的事物要求他這樣做的時候，他就可以有時間了。

這個班使用教程的第五冊作為教材，這本書的內容包括人的智慧向各種藝術領域的提升，以及人的智慧所應該達到的上

---

10 亞里斯多德（Aristotélēs，西元前 384～前 322 年），古希臘哲學家，柏拉圖的學生、亞歷山大大帝的老師。他的著作牽涉許多學科，包括了物理學、形而上學、詩歌（包括戲劇）、音樂、生物學、經濟學、動物學、邏輯學、政治、政府、以及倫理學。和柏拉圖、蘇格拉底（柏拉圖的老師）一起被譽為西方哲學的奠基者。亞里斯多德的著作是西方哲學的第一個廣泛系統，包含道德、美學、邏輯和科學、政治和形上學。

限。在這裡為事物形象所充實了的人的理性，又會迴轉到人本身上來，可以更加清楚的認識自己，即對自己和他人對事物的看法進行一番檢驗，這樣可以在各種情況下，自如而準確的將各種推測和事物的本來面目區分開。這篇論文一共由三部分組成，第一部分是物質部分，即無限智慧的那部分，它介紹的是人的智慧已經做出的，和將要做出的那些發明創造，以及在創造的過程中，所迸發的藝術力量。第二部分是闡述「邏輯藝術」，來取代形式主義的部分；它說明人的理性思維的整個工廠被裝備得非常好，所有的一切都可利用分析、綜合和組合的（對比或比較）方法來發現，並且整理得井然有序，真實的東西和可能的或虛假的東西得以區分開來。第三部分是附錄，這裡列舉了人的智慧可能發現的（思路正確和在思路迷茫時有可能發現的也包括在內）所有事物的索引。

　　這個班午飯後的娛樂活動是這樣的：

- 算術方面，按比例分配和位移律，虛擬的假設；
- 幾何方面 —— 測量長、寬和高；
- 地理學和天文學方面，兩個半球的概況介紹；
- 光學方面 —— 學習幾個主要原理。

　　出於讓歷史課的教學邁出比較重要一步的目的，我們在課程裡安排了各種發明創造情況介紹的動力學史（某種東西是在什麼時候、什麼地方，因為什麼，是偶然發現，還是因為思考或者循跡發現的）的內容。對學生的智力發展而言，這將是一種非常好的養料。

在文體方面，是時候重視經典作家，尤其是拉丁語鼎盛時期的那些作家的時候了，原因是儘管我們的學校對物更關心，而大多數的智者，又都對愚蠢的廢話持鄙視的態度，西塞羅那種智慧的辭令才是他們所推崇的，但是我們卻要兩者兼而有之，不能只求其一。就像閃光的寶石，我們更喜歡為它嵌上金邊而不是鉛邊，裝飾金戒指要用寶石而不是玻璃片一樣，已經為心智所接受了的東西，應該竭盡全力，用最美好的語言將其表達出來。而因為文體品級有所不同，所以我們認為，應該在這個階段練習，掌握中品，也就是歷史學者在寫作中用到的、適合敘事的文體。因此這個班的文體練習，就應該對以下優秀歷史學家的作品進行研究：科爾奈利烏斯・奈波斯（Cornelius Nepos）的《外族名將傳》，庫爾提烏斯（Curtius）的《亞歷山大大帝史》，凱撒（Caesar）的《評述》等等。

這個班不會安排補充作業。不過，那些想要讓自己的希臘語水準得到提高的人，是會迅速的去找一些名作家的作品瀏覽的，如蘇格拉底的內容通俗、語句優美的演說辭，普魯塔克（Plutarchus）等人的道德論叢等。

猜謎競賽等活動也可以作為休息時的一種娛樂形式。

最優秀的演出，可以成為一種結合了方法、邏輯和形而上學三者的藝術競賽。哪怕最初會出現在三者中的一者有些突出的情況，而稍後三者是一定可以協調起來的，理性的調遣智慧宮裡的所有知識，讓三者在一起親吻。如果有 50 人加入這樣的戲劇演出，那一定是饒有興趣的，並且會讓人從多個角度看到，理解語言、論證和行為的藝術的最基本原理，應該怎樣正確的去理解。

六、政治班

「不會理性思考，或者沒有邏輯經驗的人，不要進入此門。」

對人的思維來說，邏輯是一種界限，但是對於在國家生活中發揮作用的人來說，就像大家公認的那樣，邏輯是合理的、應該遵循的原則，而且和其他的原則相比，應該是指導與被指導的關係。

這個班的圖像應當是非常精緻的，以將正確次序的威力，以及次序對人所具有的約束力展示出來。這類圖像可以是四種不一樣的人體圖像：

- 某些肢體殘缺的人體圖；
- 有多餘肢體（如兩個頭、三隻眼睛、四隻手臂等）的人體圖；
- 五官不正的或畸形的人體圖；
- 健美勻稱的人體圖。

「全知宮」的第三部分供這個班作為課本使用，它是人類社會的合理性（這種合理性延伸到如此之遠）的代表。應該將目前為止聚集起來的一切知識之光（因為所有這些指的是人類的社會生活），作為一種比別的他東西可以更好的滿足人類生活需求的事物，擺在人們的眼前。

午飯後可以進行這些文娛活動：算術方面學一些邏輯斯諦，幾何學方面做一些結構設計，地理方面則可以按照天文

學中和行星和日、月有關的理論，製作一個精緻小巧的宇宙模型。

　　這個班的歷史課，應該將風俗習慣史納入進來，只要整理好這部分內容，它也會變得非常有趣而又有益。

　　講解名作家的作品的目的是學習文體，因為在散文方面選的是西塞羅的作品，在詩歌方面則選擇了維吉爾[11]、賀拉斯[12]等人的作品。至於如何使用這些資料，我已經在關於語言的最新教授法一書的第 17 章裡進行了詳細的說明，這裡只須補充幾點如何進行文體練習的建議。學生們應該對自由的表達事物形成習慣（更何況他們已經具備文法、修辭和邏輯方面的專門知識），他們必須遵循藝術的規則，可以不用準備、脫口而出，如就著教師給出的一個實物，或者作為競賽資料的題目，或者編一個提前準備（但不應用太多的時間）的難題報告。所有的人在進行這項練習時，都要用散文的文體完成，誰也不能例外。相反，在練習詩歌時，就不應該大家在一塊進行，因為詩人是天生的，不是每個人都可以成為詩人。在時間緊、學習最必需的知識勉強夠用的情況下，如果學習詩歌，未必能從中獲得什麼收益。因此不應該讓這類無益的或沒什麼用處的東西占去了年輕人寶貴的時間。最好是教導他們向螞蟻和蜜蜂學習，

---

11 維吉爾（Publius Vergilius Maro，西元前 70- 西元前 19），奧古斯都時代的古羅馬詩人。其作品有《牧歌集》、《農事詩》及史詩《埃涅阿斯紀》三部傑作。

12 賀拉斯（Quintus Horatius Flaccus，西元前 65- 西元前 8），奧古斯都時期的著名詩人、批評家、翻譯家，代表作有《詩藝》等。 他是古羅馬文學「黃金時代」的代表人之一。

在年輕的時候多做些儲備，以備老年的時候用，千萬不要像夏天過得歡、過了夏天就挨餓的蜻蜓那樣。曾有人針對詩歌藝術的特點，對他的兄弟鄭重的提出建議：「寫不好的詩 —— 可恥，寫平平常常的詩 —— 丟臉；寫好的詩 —— 對於那些不是專門從事詩歌創造的人來說，又太難了。」但是這樣說不是說可以因此再也不讀詩人的作品，或者禁止那些喜歡詩歌的人展開詩歌的練習了。按數、度量、成分的作用挑選出的詞和意義的這種和諧，裡面包含了極其美好的事物；那些自己不敢研究詩歌，又不讓自己的學生研究詩歌的人是讀死書的人，他們讓自己，也讓自己的學生無法獲得這種最崇高的、讓人心曠神怡的美的享受。

為了讓這個班的每個學生都努力勤奮，可以允許他們讀一些在教師的建議下挑選出的優秀作家的作品，可以像榨取作品的汁液一樣，摘錄出那些特別好的詞、優美的特別是思想性好的短語，除了這個以外，我沒有別的補充作業要推薦了。同時，還應該建議讓學生習慣正確的將自己的意思表達出來，並且儲備一些中肯的格言。到了必要的時候，他們既可以將其當箭去射目標，又可以在相互的比賽中用上這種技能。此外，應該允許甚至推薦那些有志對希臘語進行深入研究的人，對如修昔底德（Thucydides）這樣的歷史學家和海希奧德（Hesiod）這樣的詩人等作家的作品進行閱讀。

如果需要我談些和休息的形式有關的，我倒是覺得可以隨各人的意願行事。不過有一點要注意，那就是休息不能沒有，但是也不能太多，否則遊惰就會產生惡德。

第二章
正確的方法應該表彰

第二章　正確的方法應該表彰

（西元 1651 年 2 月 13 日，在派特克拉丁語學校第一班，即門前班開學典禮上的致辭）

最尊貴的校長，最有名望、最為人敬重、最光榮的教師們以及全體學生們！我們在這裡集會，目的是實施我們的決心：對我們的年輕學生團隊進行整頓，在學習文化的戰鬥中，為他們選出一個首領，率領他們投入戰鬥，也就是為初級階段的學習開一個好頭。說實在的，在我看來，將這件事放在我們徹底準備好戰鬥必需的所有武器後，也就是實現我們的目的所需的全部書籍印出來後再進行是更明智的，不過因為印刷設施的匱乏，這些書籍還沒有開始印刷。考慮到可能發生的一切，我擔心我們的事業會因為上述情況而停滯不前或者放慢腳步。即使是這樣，因為你們不想再這樣拖延下去，因此我也就不再固執己見，願意順從你們的願望。即使我們的事情會像通常的那樣出師不利，那也不算是什麼罪過。我只請求一點：假如我們沒有一下子就獲得預期的成績，可不要歸咎於我和我所宣導的方法。事情一定會一點點好起來的。

為了讓這一希望可以鼓勵到你們，我決定在今天這次集會的開頭，先簡單的講一下使用正確方法是多麼的榮耀，益處是多麼的大。

為了能讓你們更有興趣的聽我說下去，我打算仿效一下至聖先師，利用寓言故事來揭示我所要闡釋的道理，我要向你們講一下在古代廣為傳頌的迷宮探路，以及利用幸運得到的阿里阿德涅引路線而走出迷津的傳說。請留神，我的承蒙厚愛的聽眾們！我會盡量讓你們聽的時候不會覺得枯燥，聽了以後不會

覺得後悔。我一定盡力讓你們感受到獲取知識的樂趣，我會向你們證明，對我們的事業來說，虛構的傳說有多麼大的益處。

　　不過我一開始，還是要按照古人講述的那樣再講一遍這個傳說，然後再講一下它在我們現在的教育機構的應用，也就是分析一下秩序混亂會帶來哪些的危害，以及井然有序會有哪些益處。

　　這個傳說，古人是這樣講的：克里特島米諾斯王 [13] 的妻子名叫帕西淮 [14]，這個女人淫蕩得出奇，她和一頭公牛私通，後來生下了一個怪物，這就是牛首人身的米諾陶洛斯 [15]。後來天才的建築家代達羅斯 [16] 逃亡到了克里特島，被奉為上賓的他因此向米諾斯王表示，自己可以在建築藝術方面為他效勞，於是米諾斯王就讓他建造了一座迷宮，這是一個在裡面很難找到出口的建築物，米諾斯王想將那個雜種怪物囚禁在這裡。最後

---

13 米諾斯王 (Minos)，在希臘神話中，米諾斯是克里特之王，宙斯和歐羅巴的兒子，拉達曼迪和薩爾珀冬的同胞兄弟。古希臘的米諾斯文明就是以他的名字命名。他是冥界三判官之一（另兩人是拉達曼迪斯和艾亞哥斯）。

14 帕西淮 (Pasiphaë)，希臘神話女性人物之一。太陽神之女，克里特島米諾斯王之妻。阿里阿德涅之母。米諾斯王與波賽頓發生矛盾後，波賽頓遂誘使其懷孕生下牛頭人身米諾陶洛斯。後為阿里阿德涅與雅典王子忒修斯合謀所殺。其事跡常反映於相關古典作家之著述中。

15 米諾陶洛斯 (Minotaur)，希臘神話中一個著名的半人半牛怪物。在古希臘人的想像中，米諾陶洛斯具有人類的身體，但長著一顆牛頭和一條牛尾巴。據說帕西淮在米諾陶洛斯嬰兒時期還曾撫養過牠，但米諾陶洛斯在長大之後就變得非常殘忍凶暴。

16 代達羅斯 (Daedalus)，希臘神話中的著名工匠，來自雅典，墨提翁的兒子，厄瑞克透斯的曾孫，厄瑞克族人。

代達羅斯將迷宮建成了，他挖空心思，在迷宮中布設了眾多的大殿、僻巷、斗室、過道，還有忽上忽下的樓梯，無論是誰進來都會迷惑，永遠都無法找到出去的大門。於是米諾斯王將米諾陶洛斯關進迷宮，與此同時他又下令將那些判了死刑的人都推了進去，打算讓他們餓死，或者成為那個怪物的盤中餐。後來，雅典王的兒子忒修斯[17]在強烈的好奇心的驅使下也來到了克里特島，他被抓住了，即將要被推進那座迷宮。但是年輕英俊的他得到了米諾斯王的女兒阿里阿德涅公主[18]的愛憐。阿里阿德涅曾經從代達羅斯那裡知道了怎樣從迷宮走出來、最終擺脫死亡命運的辦法。這個辦法其實十分簡單，但卻非常的行之有效：將一個線球的一端拴在迷宮的入口那裡，然後邊走邊放線，這樣就能夠順著線再原路返回，回到入口這裡，也就從迷宮走出來了。這個妙法果然奏效。從迷宮逃出的忒修斯帶著救了自己一命的阿里阿德涅一起遠走高飛了。後來，忒修斯的父親去世了，忒修斯繼承了雅典王的王位，建立了豐功偉績，以致公認的能和海克力斯（Heracles）的功績相提並論的人，只

---

17 忒修斯（Theseus），又譯作特修斯、提修斯等，傳說中的雅典國王。紀德的長篇小說《忒修斯》即以其為主人公。他的事跡主要有：翦除許多著名的強盜；解開米諾斯的迷宮，並戰勝米諾陶洛斯。

18 阿里阿德涅公主（Ariadne），古希臘神話人物，為克里特國王米諾斯與帕西淮之女。她愛上了雅典英雄忒修斯，並且在代達羅斯給予的一條線的幫助下使他殺死了米諾斯囚禁於迷宮中的半牛半人的妖怪米諾陶洛斯。後來，她與忒修斯一起逃離了克里特島。她的結局說法不一。一說她被忒修斯拋棄後憤而自縊身亡；一說她在納克索斯島與酒神戴歐尼修斯結婚；一說她在賽普勒斯死於分娩。古希臘詩人與藝術家多以其作為創作題材，影響深遠。

有他一個人。創建體育學校也是他的功績，就是將人們的相鬥引向各種競技的藝術，儘管這些競技現在仍局限於體力和身高上的角逐，這種野蠻的角逐和藝術一點都不沾邊。

這就是那個傳說，聽眾們，古人用他們的智慧，為這一傳說賦予了什麼樣的寓意呢？神話學家的解釋是這樣的：這裡的迷宮，實際上指的是人類生活的複雜性，生活中處處可見各式各樣的困難，想要擺脫困境，只有依靠絕頂的智慧。對於那些處於統治地位的人，比如那些人民的王和大公們來說，這一點尤為重要：總會有無窮無盡的困難出現在他們的面前，一個比一個艱鉅。這正是為什麼幾乎所有的作家都總提到忒修斯。至於忒修斯，如果他沒有得到代達羅斯的祕訣，最終他也不會逃出迷宮，這則意味著在從事一些偉大的事業時，如果缺乏靈感和才智，只靠力量與頑強是永遠不夠的。我們現在最有名的神話學家，就是這樣對忒修斯與代達羅斯的傳說進行解釋，並應用在人類生活中的。

這一傳說在人所從事的各種事業當中都可以應用，將它視為一切困境的生動表現。

整個克里特島之王米諾斯可以視為宇宙之王 —— 上帝的代表，他的妻子、人的代表帕西淮，和撒旦（魔鬼）、地獄的公牛，淫亂之後生下了一個怪物 —— 米諾陶洛斯，這是人和魔鬼的種子雜交產生的精靈，牠既有高尚的特徵，那是迷人的天堂中才有的神的特徵，又具有低劣的印跡，那是來自地上的、不像樣子的、粗野的。這就是我們人，既想當神仙，但是又帶著魔鬼的痕跡：我們既像上帝那樣，擁有通曉所有的能力，但

是違反起法規來，又和魔鬼完全一樣。宇宙之王為了對我們進行懲罰，就將樂園變成了一座迷宮。所羅門提供的整個世界像一個大迷宮、由無數個小迷宮組成的說法依據就是這個，我們都在這無數的小迷宮裡迷失了方向，我們每個人都在自己的小迷宮中徘徊。你們不信？不用懷疑。沒有比下面講的事實更可靠的了，對於每個人來說，這是經常發生的事情：他所從事的行業（對產業主人來說是他的產業，對政治活動家來說就是政治，對法學家來說則是法律學，對醫學家當然是醫學，對哲學家是哲學，對邏輯學家是邏輯學，對語法學家是語法學），都是一個迷霧重重的迷宮，維吉爾將其稱為沒有出口的迷宮，加圖則說是看不見邊的迷宮。因為無法找到出口，大部分人的命運要麼是在尋求真正的智慧和其他的過程中，被飢餓折磨得奄奄一息後死去，要麼是成了怪物的犧牲品，也就是墮入荒誕的、注定要滅亡的邪說裡面，最後被互相敵視、糾紛和狂暴的撕成碎片，在全世界的國家、教會、學校的生活中，這都是屢見不鮮的。

雅典王的兒子忒修斯，指的是那些熱愛真正的智慧的人們（因為在希臘人那裡，他們尊奉為智慧女神的米娜瓦被稱為雅典娜），因為有了人的智慧，這些智慧女神的兒子們生來就對一切都有一顆好奇心。他們偶爾也會被別的走上邪路者影響而落入迷宮。不過宙斯王的女兒是永存的，她維護智慧，並隨時對智慧出現的偏差進行糾正，她對這些智慧的兒子們心懷憐憫，助他們一臂之力，讓他們得以從迷宮逃出。這裡我再強調一下，他是靠著最簡單的，但是又十分行之有效的辦法，巧妙

的逃出迷宮的。是啊，還有比引路線更簡單的嗎？這中間有的只是放長線，解不開的結子和複雜的形式都不存在，除了隨機應變和堅持不懈之外，一點特殊的地方都沒有。但是要知道簡單（或者稱為心誠）和直截了當（或者稱為正義）在面臨各種困難的情況下，神的智慧啟迪我們進行自我解脫時正是這麼說的。大衛說：「保佑了我的，正是簡單與直截了當。」基督說：「對你的身體來說，燈盞將是你的眼睛，如果眼睛是明亮的，那麼你的全身也在發亮。」所羅門也說：「為人清白的人就會平安無事。」由此可見，簡單，還有直截了當、統一（或者稱為同一）、馴良，這就是神的智慧為我們準備好的方式，我們可以用其去對付人類所有的陰謀詭計。如果可以，我現在可以舉一、兩個例子給你們看看。

在醫學裡，阿里阿德涅的引路線，就是節欲和素餐再加上適當的體力勞動。在世界的最初階段，那些族長們用這個取代了所有的治療方法，而且他們差不多都活過了一千歲。那時節欲的人真的非常幸運，他們從來沒聽說過世上還會有丸藥、灌腸術、瀉藥、皮膚切口、放血等諸如此類的、對肉體的折磨。

在法律學的迷宮中，忒修斯逃命用的引路線，就是伸張正義、尋求善良，判決案件要從仁愛出發，或者即使不能施以仁愛，那麼至少在判決時要寬容一些，因為只要從仁愛出發，寬大的做出正確的判決（從不偏袒不法的行為和人，從不刁難有理的人，善良的人和事永遠都要表彰，惡人壞事則要揭露並懲罰），那麼所有的惡人壞事就不可能逍遙法外，而有道德的人和事必然蔚然成風，越來越多。如果一個國家所有的人都能努

力的尋求善良、伸張正義，那麼這個國家一定是非常幸福的。而如果背離了這個方向，那麼法律行業的人越頻繁的奔波，就會將這個領域的迷宮搞得越複雜，最終人被弄得精疲力竭，那些可能出現的複雜案件就會陰差陽錯，根本無法理出個頭緒來，最終獲得失敗。

我們現在來說說學校領域中的迷宮，找到讓我們走出迷宮的阿里阿德涅引路線。在學校當中，最大的迷宮首先是需要學習的科目數量太多：語言、哲學、數學、倫理學等名目繁多。假如我們籠統的看待學校當中學的這些知識，這就像是一座稠密的森林，人們都無法穿行，又像是一個海洋，取之不盡、用之不竭。其次，這些需要學習的科目是如此的五花八門，人們看一眼，簡直就要頭暈目眩了！最後，講授這些科目的方法是如此的混亂，以至於每一個想從科學花園穿過的人，都會碰到無數條彎路，這些曲折迂迴的彎路會把他搞得頭昏腦脹，根本別想找到通向智慧光明世界的出口，大部分人都只能陷入空想的峽谷裡，並最終在那裡為自己掘下了墳墓。

顯而易見，學校當中急需這樣的引路線：一種學習方法，是在深思熟慮後確定下來，雖然簡單易行，但是能夠讓人順利的、大膽的深入科學的各個峽谷當中。而且這種方法要無比的可靠，無論它延伸到的領域有多麼的縱深，都不會偏離科學征途的大方向。這樣的教學法由我們所掌握 —— 這樣一種又好又靈活可靠的方法，是包含了許多人的智慧，顯然有和阿里阿德涅引路線相媲美的資格。

既然已經掌握了這種方法，我們就不想再瞞著你們這些雅

典人的後代，米娜瓦的子孫，智慧的子孫們了！

　　那麼掌握各門學科的、最簡單易行的方法是什麼 —— 現在限於時間，我們不能詳盡的闡述，我只能簡單的介紹一下。你們也都是飽受寵愛的忒修斯，沒有親身的實踐經歷，是不能對這種方法有深刻的體會的，你們只要虔誠的照著我們的指南去做，只要不覺得我們的方法太簡單。你們應該知道，要打算從語文科學迷宮的這一邊走到那一邊，順利通過一切曲折途徑，沒有被吞噬或者犧牲，可以經常使用分析和綜合的辦法。

　　不管你們墮入什麼樣的隱祕處所，分析能夠做到讓所有東西都無法逃脫你們的注意力（注意力可以說是一切形式的淵博知識的基礎）。至於綜合，則是將身處理論峽谷的你們重新領到有所作為的開闊地。如果你的手上再有一支「比較」的蠟燭的話，那麼不管你們身在何方，都會一直隨身帶著光亮。你們覺得我在說謎語嗎？這些謎語，沒有具體做過的人，是無法猜中、無法弄清楚的。總之，不管傳授的是語言、歷史、哲學，還是別的方面，將許許多多有待學習的東西照亮，讓人可以利用智力上的觸類旁通，一起學習那些一樣和不一樣、有差別和截然不同的事物。我們克服了一個困難，這意味著我們也保證了其他好多困難都可以克服了。不過就像我前面說的，在這裡我沒必要對這種最好方法的奧祕進行詳細的解釋。

　　這個奧祕可以在所有的規則中得到闡發，有待於獲得實踐的不斷證實，它對你們之中的每個人，都不是不可知的，只要你們自己願意。

　　現在，我們就舉一個講授拉丁語的例子（好讓這一工作將

來會更加完善）來說明一下，傳授初學者知識的迷宮在哪裡，為數眾多的孩子、年輕人、成年人、壯年人甚至包括一部分老年人，經歷了整個童年時期、青年時期甚至是一輩子，才勉強的找到了迷宮的出口，而還有些人，甚至直到人生的盡頭，也沒有找到出口。在我們的學校裡，但願這種讓人倒楣的迷宮將不再是迷宮，而是賞心悅目的花園。我們不妨將完整的教學過程劃分成三個階段，也就是三個班來進行。在第一班，我們不妨經常利用實物和詞彙的相互對照，為粗淺的掌握拉丁語和粗略的欣賞文藝作品打下基礎；第二班，開始講授語言的結構；第三班，在此前的基礎上加上美化語言的課程。這三個班的學業完成，學生就可以進入更高一個層級的教學天地了，如果我們用類似的方法出一些具體的習題，再採用一些其他方法，和習題保持一致，那麼就可以順利的進行更高一個層級的學習了。

對你們來說，現在還有很多代達羅斯這樣的人，他們處心積慮的為年輕人設置迷宮，利用你們的好奇心誘惑你們上當受騙；還有很多善於以假亂真的怪物，已經有不少年輕人落入這些怪物的魔爪，成為了可悲的犧牲品。在這樣的態勢下，你們難道還要對現在我們交給你們的、能讓你們輕而易舉的穿過迷宮的阿里阿德涅引路線說拒絕嗎？

我想你們不會的。我希望，並且我已經發現了，你們是如此的興致勃勃，如此勤奮的順著這條路開啟並繼續你們的學業！祝願你們都能擁有良好的學習態度，孜孜不倦的奮進！啊，你們應該相信，只要你們在業已開始的學習道路上鬥志昂揚、腳踏實地、持之以恆，你們的理想一定可以實現！

第三章
關於正確命名事物的好處

第三章　關於正確命名事物的好處

（西元 1651 年 3 月 14 日在派特克拉丁語學校第二班即入門班開學典禮上的發言）

謝天謝地！萬物復甦的春季即將到來 —— 就要是春分時節了。此時地球上每個民族那裡的白天和黑夜都是一樣長的，而接下來又將是陽光燦爛的季節。這時太陽位於北方的黃道十二宮，接近於垂直的立在我們的頭頂上，沒有從我們的地平線離開。

親愛的學員們，讓我們正確的得到那種根據事物的自然進程而引出的結論，正確的完成那種我們靠著自己的技能和努力承諾一定要實現的事情。

我們在前不久開辦了一個拉丁語學校的初級班或者說叫預備班，還為這個班的學生補充了一些教程，好讓這些初學者在這個班上為事物和語言的認知打下扎實的基礎。今天我們需要開辦第二期班也就是入門班。在這個班上，我們要用簡單和自然的方式講授事物和語言的各種結構，對象是那些真正教育的年幼擁護者，好讓他們為獲得更高的知識在智力上做好充分的準備。

我現在既然在發言，似乎需要我說點什麼，於是一個問題就產生了：我的發言該選擇一個什麼樣的題目呢？當然，闡述順序和漸進的好處，並證明這種必要性是最好的，也就是進入教育宮不要走窗戶或者地道，而是走門前、入門處、內廳。但是不能離題太遠，這樣看來，最好是告訴你們如何認識正確命名的好處，因為對於整個教育來說，正確命名不僅是一條主要的道路，而且是一扇敞開的大門，可以直接通向教育。當我就

這一題目講出自己的觀點時，請你們耐心一些，注意聽我的話。如果我可以引起你們必要的重視，就不會浪費你們過多的時間。

　　眾所周知，表揚或者批評的本質是了解，如果之前都不了解，那麼根本不能進行表揚或批評，對任何事情都是如此。如果沒有提前約定好所謂的命名指的是什麼，那麼在你們——我的學生面前講述和正確命名事物相關的好處，我的這種嘗試將會沒有效果。如果你們想聽，那我就為你們將這一點講清楚。

　　詞構成了人類的語言。詞和某種不存在的事物沒有關係，但和它們表示的事物有關係，並且在表示事物的時候，詞將事物的形象從說的人的腦子中一同傳送到了聽的人的腦子當中。所以例如「болда，датит，фиту」這樣十分清楚、毫無意義的詞是不用的，可能在任何一種語言當中都是沒有這些詞的。即使具有一定意義的一些詞，例如「абах，ибил，ах」等這類阿拉伯語的詞，我們也根本不清楚它們是什麼意義。所以，言語越好，它包含的事物和意思就越多，相反言語越不能用，它包含事物的意思就越少。因為，正是在這方面上，人類的言語要比鸚鵡學舌強，那些擁有智慧的男人的談話，要比婦女們的嘮叨強。

　　如果對事物的命名符合以下三個特徵，那麼這種命名通常都是正確的。

- **完整的**：如果對所有存在著的、並具有自己本身的、可以和別的事物區分開的本質的事物命名，同時包含了本身

的、和別的事物相區分開的名稱，以致在為數眾多的事物中，沒有哪個事物是沒有名稱的，也沒有哪個事物是有兩個名稱的，更沒有哪個事物的名字是和別的事物共用的，那麼這種對事物的命名就是完整的。於是我們的言語中就不會出現語病、廢話和含糊不清，並且有可能實現將我們所想表達的一切，恰當、明確、清晰的表達出來。

· **對應事物的**：如果事物和詞的對應關係沒有進行確定，那麼這種命名就不見得能夠實現，也就是說，如果我們對事物按照它們的順序進行逐個的思考，那麼每一個事物都應該在自己獨有的名稱中展現出來，反過來如果我們按照詞的順序逐個思考它們，那麼每一個詞也都應該有和自己對應的客體。

· **是深思熟慮的成果**：只有對事物和詞的意思進行仔細的研究，才能正確的將事物確定為詞，同時也將詞確定為事物。從意思聯想到事物的目的是知道每個事物是什麼，有哪幾個組成部分。從意思聯想到詞的目的是弄清每個詞所固有的特殊意義是什麼，詞的意思又是在什麼地方產生的。這一點做到了，正確的事物名稱表就可以確定了。

可能有人的看法並不一樣：這又何必呢？對這個進行仔細分析，又有什麼好處呢？日常生活中所需要的那些事物都知道了，不就可以了嗎？別的事物和我們又有什麼關係，又何必去追索世上的那麼多的事物，去迷戀那些細小的事呢？對此我的回答是：人的本性就是這樣安排的，所以它具有的智慧是獨一無二的。如果你故意的避開，那麼你就相當於違背了自己的意願。人們又會提出反對意見，沒了這個事物名稱表，難道就認

識不了事物了？這個問題就讓所羅門來回答吧。他認為讓他成為有智慧的人的，正是這個事物名稱表。我們的研究，要將所有人都被賦予的先天求知願望引向什麼地方呢？這一貪得無厭的求知願望，我們又將用什麼樣的事物來滿足呢？所羅門對此證明，「萬事讓人厭煩，人不能說盡。眼看，看不飽；耳聽，聽不足」。和用一些重要的事相比，用一些無用的瑣碎事填補這一求知願望，也許會更好些？如果你從來都沒有脫離人的本性，那麼不管你去了哪裡，你都一定會做些什麼事；你會自願或者不自願的將自己的年輕時代奉獻給某項事業。但是，你會覺得不做什麼也許比做什麼好嗎？你會將自己的閒暇時間花到那些只能帶來愚蠢而不是認知、只能空談而根本不是理智的、毫無價值的事情上嗎？甚至在成年以後，那些只會說而不會做的人，都沒有被認為擁有人的資格。去一邊吧，去附和那些鸚鵡、烏鴉、喜鵲、椋鳥的聲音吧！牠們也可以發出清楚的聲音，只是根本理解不了，所以那些聲音根本不是言語，而只是一種毫無意義的、空洞的聲音而已。當你說出的事物連你自己都不理解時，你就不能想像自己在說什麼；這不是在說話，而是在說廢話……如果你除了精通自己的母語，還精通拉丁語、希臘語、希伯來語等各種語言，即使全世界所有的語言你都精通，但是如果對建立詞的基礎的各種事物缺乏理解，那你只不過和一隻學舌的鸚鵡差不多，根本談不上是一位智者。因為智慧的內涵，是包括對事物清楚的、真實的廣泛的認識的，而不能只停留在口頭上，就是對事物缺乏理解的、毫無意義的、鸚鵡學舌似的聲音。這一點我已重複了好多次，因為無論什麼時

第三章　關於正確命名事物的好處

候，我都不會毫無根據的重複那種不是非常清楚的事情；何況現在的情況還是這樣，這個事情恰好並沒有引起你們民族的足夠的重視。

我為什麼聽到這樣的聲音：「誰有閒暇時間誰去做那個吧，我們可沒有。」為了做人，就連閒暇時間都沒有了嗎？如果有時間去學習那種無論是否願意都得知道的事情，那為什麼有機會學習這些，而不去將其全部都學會呢？難道只是因為做一個不完全的人，要好於做一個完全的人嗎？如果學習膚淺的東西有時間，那為什麼學習內容豐富的東西就沒時間了呢？看起來學習後者的時間應該更充裕啊：要知道學習是還可以帶來無限的愉快和好處的。但是如果不學習事物就學習拉丁語不僅是無益的，甚至是有害處的，因為沒有經過事物檢驗的概念是不可靠的，令人懷疑的，是不切實際的。一個概念和另一個概念混淆了，所有的錯誤認知都是這樣產生的。柏拉圖曾對此正確的論述道：「很多人在對話語進行研究，卻沒有對研究所說的事物的本身進行深入的研究。所以，許多無益的、只能把思想搞亂的問題和爭論就這樣產生了。」啊，他說得是多麼的合理啊！要明白，這就是錯誤認知產生的根源 —— 讓事物去適應詞，而不是讓詞去適應事物，也就是為了適應不正確或者理解不了的名稱表，而將事物真正的本質都歪曲了。而那些清楚研究某種語言的詞，卻不仔細比對詞和事物的人正是這樣做的。這樣做一定會違背真理的，同時還會造成理解真理的困難。

我們倒是想要做一件好事，拉丁語學校的第二個班今天開班了，這個班就要講授和學習那種世界上意義最為重要的事物

的準確名稱表。我們已經具備了開始這件事所需要的條件，也就是有一個直覺的事物和詞的總彙編，也就是說全部的拉丁語詞彙。這個彙編很像一個完整的工廠，它和這個工廠包含的所有事物一一對應。而且所有的這些都被包含在簡單的詞語、短句當中，包含在連貫的詞序當中。所有的中間環節（不管是詞還是事物），每個環節都擁有屬於自己的位置，所以這裡不存在任何的重複。與此同時，這裡敘述的一切都是那樣的清楚、易懂和有節奏，可以令人愉快的閱讀，也很容易理解，以致在學生學了、看了和理解了這些後，就產生了完全理解語言、熟悉各類事物的信心，因此對於一開始，這是必不可少的。這一整體事物名稱表被我稱為「語言入門」，所以這個班也就可以稱為「入門班」了。

　　你們，要精神抖擻的去學習，要快速的找到這種「摘要」，並要掌握如何準確的把那些和事物相對應的名稱，應用在各種遇到的事物上。如果你們一開始覺得有些困難，但是請堅持下去，因為繼續的學習，會讓你們很快就會在精神上收穫愉悅。只要你們的教師能夠做到引人入勝的授課，認真的為你們示範一切，詳細的講解一切，並用合適的練習讓你們覺得愉快，那麼這將會讓你們今後受益良多。我們現在將為你們配備第一任班主任，祝願他幸福的將這一事業開啟，這正是我們毫無保留的期待、祈禱和希望之所在。在你們努力的掌握了這種表面列舉的事物名稱後，你們將會相對容易的看到事物的本質，獲得對事物有理有據的認知，而這種認知將伴隨你們終生，成為各個方面的助手。所以如果誰想對自然、藝術、道德等方面有更

深入的認識，那麼他對各種事物的外部差別和特有的名稱越清楚，就越容易的成為一名優秀的哲學家、自然科學家、醫生、藝術家、農學家或者是國務活動家等，這正是每個人都應該走的一條路。

　　所以，我們準備創辦的那個班，我已經為它規定好了目的，以及實現這個目的所需要的方法。

第四章
創建紀律嚴明的學校的準則

　　亞里斯多德英明的將那種任何社會準則都不遵守的生活稱為基克洛普弟兄的生活，他還指出，國家的安定靠的是遵守法律。對這一論點，另一位哲學家從反面給出了一樣確切的解釋：想要將一個國家摧毀，就要先從破壞秩序開始。所以我們這些希望學校這個小王國可以保持安寧的人，應該透過準則實現這一目標。正因為我們希望我們的小王國永遠都不會被破壞，所以我們一定要盡全部的努力，維持它的正常秩序。這種想法也就成了我們用的《準則》，也就是一種簡明而又有權威的條例，將學校規定紀律的理由闡釋出來。

一、關於學校全體成員的工作和紀律的規定

　　（一）與學校全體成員的連結始終非常緊密，以致能促進總目的實現的所有活動，都應是有組織的。

　　（二）學校裡應該完成的工作、所有成員，還有將他們連結在一起的紐帶 —— 紀律，彼此之間是存在矛盾的，因此應該讓工作井井有條，讓紀律保持嚴明。

　　（三）學校的工作如下：

　1. 實現辦學校最主要的目的；

　2. 為實現這個目的而準備設施和條件，包括地點、時間、應該做的各項工作的範例還有書籍；

　3. 工作方式或工作方法。

（四）學校的人員包括兩部分，一部分是學習知識的人，就是學生和他們的學習小組長；另一部分是傳授知識的人，就是學校的教師，和由校長進行監督、領導的私人教師；還有一部分是從事學校管理工作的人，就是副校長和主任。當然，還有一批由國家挑選、分派來的人，他們都是有才能和經驗的人。

（五）將各個學校連結在一起的紐帶是準則和執行準則，就是具有自己界限的紀律。

二、關於實現學校目的的規定

（一）一所學校最主要的目的，應該是讓學校成為一座工廠。要想實現這一目的，必須滿足一個條件，就是參加這一工作的人都將成為這樣的人：(1) 明智的人，(2) 能言善講的人，(3) 工作能力強的人，(4) 善良的人。

（二）認識、說話和行動，是理智最主要的表現形式，是整個人類生活的慰藉，是不可缺少的，如果它們消失了，一切都將會是乏味的、盲目的和注定要毀滅的。我們所做的每種犧牲都擁有很大的意義的。

（三）只教會怎麼樣說話，並不同時教會怎樣理解（即教語言不是透過理解事物來教的）—— 這意味著不是對人的天性進行完善，而只是在裝飾它的表面。只教會怎樣理解事物，而不教會怎樣同時行動 —— 是一種只說不做的行為，是偽善的。

還有，理解和做事時卻不知道有什麼好處，這是一種半無知的狀態。為了培養出明事理、善於認知和行動、富有經驗的人，我們的道德工廠——學校，應該如此來開導人心，使得處處可以收到好的效果，而不法行為得到預防。這為整個社會生活帶來的好處將是極大的。

（四）因為在生活中，人和人之間互相交流是必不可少的，因此學校作為培養善良人和人道主義的工廠，應該將自己的教育對象培養成擅長和人打交道（適應各種交際場合）的人。

（五）所有學校的一切活動和訓練，都應該讓這些未來生活的參加者，學會面對他們未來生活中可能遇到的一切，包括知識、技能、行善、表達能力等。

（六）上述的目的如果能夠實現，學校就可以變成國家的苗圃，將作為生活和幸福的卓越代表。

三、關於授課地點的規定

（一）班級的數量是多少，教室的數量就應當有多少，這樣可以做到每一門課都能單獨講授，不會被其他聲音所影響。

（二）每間教室裡，都應擺設講臺還有足夠多的凳子，後面的凳子擺放要注意前後錯開，這樣教師可以始終看到他所有的學生。

（三）講臺不要放在窗戶的旁邊或者兩扇窗戶的中間，而應

該放在窗戶的對面。這樣，光線在學生的身後照進來，教師以及他的動作（尤其教師寫的板書），學生可以看得清清楚楚的。

（四）教室裡所有的設備都應該是整潔的，還應該是雅致的，如果有這個條件。這會讓學生看到每一件東西都受到一次宣導清潔的教育，並注意起自己住處的環境，也將那裡布置得整潔而優雅。

（五）對各門課程的內容進行概括，用格言、簡練的句子、圖表和象徵性的標誌等形式，並將其張貼到教室的牆壁、窗戶、門和柱子上。這樣的做法是很有益處的，這些資料對學生的感覺、想像和記憶的培養可以產生潛移默化的影響。

（六）學校為了舉行全校性的活動，比如節日集會或者戲劇表演，應該有一所能容納學校所有人員的禮堂。但是注意禮堂四周的牆壁上不要有裝飾畫，因為這裡用於全校集會的時間並不多，而且是要在這裡進行某項活動，學生的注意力應該完全集中到舞臺上，而不能被別的事物分散。

四、關於合理支配時間的規定

對時間進行合理的支配，是各項活動順利進行的基礎。所以我們做出以下幾點規定。

1. 為了方便工作和休息，分配時間的方法應該是完全相同的，每小時、每天、每週、每月還有每年的時間分配都是

一樣的。

2. 每個小時要有每個小時的任務，而且一定要完成。完成後可以休息半小時左右。

3. 每天只有四個小時是真正用在課堂上的，午餐後做數學遊戲和欣賞音樂一小時，放學後複習功課一小時。剩下的時間都由學生自己進行支配，可以用來休息、做家務事或者參加學校進行的活動。

4. 每週的星期三和星期六午餐後的時間是自由活動時間，沒有課程。

5. 一年的每個學季中都為戲劇表演安排一週的時間。演出一共要進行五天（請看後面第四點）。

6. 每個年級的課程都應從秋季開始，也是在秋季結束。在這個時間以外是不招收新生的，這是為了避免對教學工作造成麻煩。如果是下面這樣的情況則可以除外：個別學生在開學初期到校，並且預計他憑藉個人的努力，能夠趕上別的學生，他也可以保證做到這一點，就可以讓其入學。

7. 每學年有四次節假日，每次都是八天。通常都是在每年的教會節日前後：(1) 耶誕節，(2) 復活節，(3) 三一節，(4) 滿月節（葡萄收穫季）。

8. 哪裡收摘葡萄的工作離不開學校，哪裡就該放假。讓大腦獲得適度的休息，而不是削弱它的做法是明智的。

五、關於工作榜樣的規定

（一）學校裡應該學習（理解、闡述、使用）的資料，應該使用一些學生在觀察後能夠進行模仿的事例來講解。（沒有例子，什麼都學不會的。）

（二）提供給學生作為示例的資料，應該是準確無誤的，這樣學生模仿起來不會出錯。（示例有錯而模仿不錯的事情是不可能的。）

（三）供學生模仿的示例，應該是事物本身，或者照著該事物製作的形象，比如圖畫、雕塑或者口頭描述，但要讓該事物的形象很直接、很生動。

（四）無法用形象來表示的事物（比如美德），一樣可以模仿的，教師自己就應該成為學生仿效的榜樣。

六、關於教科書的規定

（一）人們將教育我們的東西稱為書，這是廣義的「書」。

（二）我們的學校是推崇仁愛的，因此任何一本書它都不會排斥，除非書的內容裡有一文不值的、毫無用處甚至有害的東西。

（三）我們的態度是，需要有益的書，摒棄有害的書。

七、有關教學方法的規定

（一）一種行之有效的方法是我們的教學所必不可少的，導師使用這種方法可以更快、更細的塑造年輕學生的高尚心靈，讓他們心地善良和純潔，善於表達，並且富有藝術感。這和技師用自己的工具對物體進行加工，讓它成為有用的產品是同樣的道理。

（二）傳授和學習任何東西，都要經過這樣幾個過程 —— 列舉示例、反覆誘導、實際運用或模仿，這是教學中永遠不變的法則。

（三）已經存在的、我們將其展現在學生面前的事物，就是示例。引導是指對事物是怎樣產生進行解釋的言論。運用和模仿，則是一種做類似的事情的嘗試。

（四）以上三者之間，應該將其的比例關係確定下來：示例1，引導3，模仿9。具體來說，如每課時的時間則應該這樣分配：用六分之一課時來展示和觀看事物，用十六分之三課時進行講授和消化，四分之三課時的則用來模仿、做練習和對錯誤進行糾正。時間不這樣安排，課是上不好的。

（五）上理論課時則用這樣的方法來進行複習，不再模仿：對學生進行檢查，教師為講清楚所學資料而用的示例和解釋是否都已經掌握，是否已經理解，是否可以用一樣方法對所學的資料進行轉述。

（六）各地都應該採用這樣真正實踐的方法（學習所有東西

都透過親自觀察、親自閱讀、親自實踐的方法），讓學生在每個方面都達到教師的要求。

八、關於考試的規定

（一）學校的各種考試，如（1）學時考查，（2）學習考查，（3）學週考查，（4）學月考查，（5）學季考試，（6）學年考試，都非常重要。

（二）任課教師主持學時考查，學習小組長主持學習考查，學生自己進行學週考查，校長主持學月考查，學校的主任主持學季和學年考試。

（三）每節課上，教師都要考查學生（即使不是面向每個學生的個別考查，如果學生比較多的話）。有時是觀察他們是不是專心學習，有時是以提問的方式進行檢查（比如：請重複……我剛才講的是什麼？你是如何理解的？）。

（四）每天學校結束所有課程後，學習小組長和他的組員一起複習，對這一天所做的事情進行檢查。學習小組長應努力讓小組的成員對已經正確理解的資料做到熟練掌握。

（五）學生在每週的星期六午休時，對自己進行考查，互換名次的比賽我們是提倡進行的：每個名次較低的學生都可以向本組名次較高的學生提出競賽（跨組競賽也是可以的）。如果後者輸了比賽，就將自己的名次讓給對手，自己成為低名次；

如果沒輸，就還保持原來的名次。

（六）校長每月對各個班級進行一次巡查，要進行嚴格的考查，檢查當月的教學任務是否完成，以及完成得是否認真。

（七）學校某個主任和校長一起主持學季考試，好了解和別的學生相比，誰的記憶力、語言表達能力更好，同時還要了解公開為學習勤奮的人發獎時，誰最值得讓大家關注。

（八）學年考試要特別隆重的進行。在秋天，在升到下一個年級之前，學生要參加一項考試，這項考試學校全部的主任都要出席。學校透過考試來檢查是否完成了整個學年的各項任務，不管是整體還是局部，是不是已經獲得了應有的成績。逐一對全校學生進行考試是不可能的，或者是說非常難以實現的，因此學校允許採用軍隊所用的那種較為靈活的考試方法，即隨機挑選某個學生，讓他回答和這一年裡的學習相關的問題，或者使用抽籤的方法，每個小組選出若干個學生，他們會站在自己小組的前面，代表全組應試，學校來檢查他們是否已經全部掌握了這一年來所學的資料。這些學生並不一定是班上學習成績好的人，而是透過抽籤偶然選出來的。如果他們的考試合格，那麼就可以相信別的學生考試一樣也能合格，這是沒有假象的。

（九）如果在考試中發現有的學生成績太差，那麼學校主任會和校長及教師一起做出決定，是允許他們接著學習，還是讓他們的家長前來將他們領走，讓他們另謀生路。

（十）最後是進行升級，原來的年級只留下當學習小組長的少部分人。

九、關於戲劇表演的規定

　　我們之所以要說一下戲劇表演，是因為在應邀前來觀看演出的觀眾面前表演，學生是有這個必要的。在學校進行這類活動益處很大。每個人的一生都要說話，都要做事。這就需要用最快的方法，需要用可以作為示範和模仿的、還最令人愉快的方式，來對年輕學生進行引導，讓他們學會對事物進行區分，面對這些差別，會馬上做出反應，讓自己的表情及肢體動作符合所處環境的要求，讓自己的行為妥當，會調整自己說話的聲調，會選擇合適的詞彙，不管扮演什麼角色都合適，都是彬彬有禮的，看不出一點鄉間的靦腆表情。由此我們做出如下規定：

- · 每個學年，各個班級都要派本班學生上臺表演四次。
- · 從每個學季學習的內容出發，分派各種角色進行表演。
- · 各個班級的表演，都要在同一週內結束。所以，低年級一天演兩場，上下午各一場。
- · 最隆重的那場演出，要安排在學年末、學生升級之前。

十、關於休息的規定

　　我們的教學方法，因為和某些娛樂活動的關聯，要求將我們的各種智力練習都視為遊戲。儘管如此，學生的年齡特徵卻要求他們加強身體的活動來打發時間，在展開智力練習時，也不應對學生的這種要求予以拒絕。所以，我們不僅不應該設置障礙，正相反，還應該想方設法，來促進他們在品德和學習上的進步，這就需要遵循以下這些規定：

- 遊戲這種活動應該是這樣的：它要讓學生習慣於不將遊戲當成一件事，而是將其視為一種附帶的東西，所以，在嚴肅的教學活動完成前，沒有時間來休息和做遊戲，這就像只有在身體疲勞時，才會產生休息和睡眠的要求，只有在吃完正餐後才能吃甜食一樣。

- 遊戲活動應該不僅對振奮精神有益，還要可以增強體質。（所以，柏拉圖一直在強調這樣一個觀點：如果不鍛鍊精神，就不要鍛鍊身體，反過來也是一樣。）所以我們希望遠離那些緊張的、會讓學生身心俱疲的遊戲，也力戒那些於身心健康有損的遊戲。那麼有益的遊戲有什麼呢？坐著玩的遊戲，一些可以讓精神保持著緊張、對能否獲得勝利懷有希望或擔心的遊戲。擲骰子、打撲克牌等一些需要運氣的遊戲或有獎遊戲，也是屬於有益的遊戲。學生的遊戲應和運動相結合進行，比如散步、跑步和適當的跳躍等。

- 遊戲時要注意確保生命的安全，對健康沒有影響，也無傷大雅。有些人比較冒失，他們在爬樹、游泳、摔跤時總讓

自己處於危險當中。

- 遊戲活動不妨成為做某些認真事情的開端（如那些移植自經濟、政治、軍事生活領域的遊戲）。可以去城外遊玩，對田野、樹林、牧場、花草、葡萄園和那裡的勞動進行觀察。也可以講解一些工程建設計畫和模型，並對師傅們的工作情況進行近距離的觀察。還可以組建一支軍隊，任命一些統帥和長官，類比組織戰線、進攻軍營等活動。不過參加遊戲的人如果想能夠享受到各類遊戲的樂趣，那就應該在大家中選出一個領導人，由他指揮遊戲活動，還要讓每個人都習慣輪流的進行指揮，也習慣服從命令。進行這類遊戲的方法可以靈活變換，這樣從中收穫的益處，並不會比樂趣少。

- 遊戲活動要在參加的人覺得厭倦前結束。要清楚的一點是，他們想在遊戲中獲得的是娛樂，而不是煩惱。

- 最後，即使做不到每次都參加，教師也應經常參與學生的遊戲活動中。這是非常重要的。當然讓教師參加不是為了獲得休息，而是為了避免發生不道德的行為。

- 如果上述規定能夠得到嚴格遵守，那麼遊戲就不只是一項娛樂活動，還是一項認真的活動：可以增進健康的運動，也可以讓大腦獲得休息，也可以是為某件事情進行的準備，也可能是以上這幾項都有的綜合性活動。

十一、關於操行的規定

前不久，我們決定用概要的形式將模範行為守則出版。我們希望可以做到人手一冊，人人都來學習這個守則，遵守這個守則，讓我們的學校成為培養學生高尚品德的工廠。為了實現這一目標，我們做出如下規定。

1. 我們的每個學生不管做什麼事情，都應該是出自於愛好美德，而不是擔心被懲罰。

2. 他們應該做什麼，不是取決於他們是否感興趣，而是取決於守則中是否規定，是否為教師要求的。

3. 應該讓學生在應該做的每一件事中，掌握預見它的目的、探索方法和找到有利的時機。

4. 所以，除了那些目的美好而光明正大、追求其不會覺得害臊、實現了也不會後悔的事以外，別的什麼事都不要去做。

5. 如果某件事已經開始做了，那就要堅持做完，不達目的誓不罷休。

6. 但是，實現某個目的路程不應該時起時伏，而是要循序漸進，讓事情按照自己的計畫發展，而不能倉促。

7. 要讓學生擅長學習那些有益的東西。（這一點在任何情況下都應該注意，並爭取做到。）

8. 在工作中，每個學生都應該培養聚精會神而不是漫不經心的習慣，所做的每一件事都應該是經過了深思熟慮的。

9. 不允許有人對自己的工作漠不關心，無論是誰。（如果發現某個工作中的人情緒比較低落，那就要分配給他多一點的工作；如果暫時沒有正經事可做，那就不妨讓他去休息，這總要好於讓他遊手好閒著。工作熱情、機智靈活、能夠吃苦耐勞—這是人生最寶貴的財富。）

10. 在睡覺、吃飯和飲酒方面，我們的學生也應當有所節制，不能過分。（我們是為繆斯而建的雅典娜女神廟，而不飲酒的人是理智的世界所需要的。）

11. 我們的所有學生都不允許睡午覺（它既對身體有害，也於精神有損）。大自然已經給了我們夜晚和黑暗作為休息的時間和條件，而光明和白天，就應該用於工作，而不是睡覺。睡午覺是來自匈牙利人的壞習慣，我們應該用談話、散步、做遊戲等活動取而代之。

12. 我們每個學生都應該注意保持自己的身體（這是靈魂的住所）的整潔，並透過鍛鍊讓它健壯，而不是弱不禁風。

13. 身體不僅是靈魂的住所，還是靈魂的工具，我們要利用靈活的運動，對學生身體的靈活性進行鍛鍊，利用工作來提高身體對工作的適應性。

14. 我們的學校是培養理智的學校，並不是戰場，因此我們學生的「武器」應該是課本，而不是刀劍。（所以，學校裡是絕對禁止動用武器的。對綿羊和山羊來說，爪子、角、硬鼻子、長牙齒是一點好處都沒有的。）

15. 應該徹底摒棄謾罵和誹謗之類的不良習氣，即使有理，也不能使用謾罵這樣的方式。

16. 不允許任何人身上存在頑皮和粗魯的習氣，無論是誰，都

應該讓自己的言行得體有禮，樂於為他人效勞。

17. 哪裡表現出來了傲慢和鄙視他人的態度，就要在哪裡徹底清除，讓大家對他人和對自己身上佩帶的聖像同樣敬重。

18. 有一點應該尤其注意，那就是不要讓人產生侵占他人錢財的欲望，那些將他人財產據為己有的人也不能讓他逍遙法外。

19. 撒謊是無論是誰都不應該有的毛病。要讓每個人都勇於說實話，即使是在需要承認自己的過錯時也是一樣，無論什麼時候，都不能犯言不由衷這個錯誤，這是最可鄙的。

20. 如果發現有人出現了違犯規定的行為，應該對他進行善意的規勸，被規勸的人應該態度真誠，接受他人的勸告。

21. 如果被規勸的人不能心悅誠服的接受，甚至對忠告持拒不接受的態度，那就應該送他去教師那裡處理，不應該顧及私人交情，也不用擔心引起他的不滿情緒。與不良現象作爭鬥，一定要堅持不懈的，絕不能坐視它蔓延滋長。

22. 此外，校長應該每週一次（比如可以是在星期日第一次午休時間）將全校師生召集在一起，先當眾宣讀模範行為的守則，然後對學生進行檢查，看是怎樣理解守則條文的用詞和含義的。如果有必要，還可以讓學生進行具體的解釋，並舉例說明。校長同時還應該檢查上一週是不是有學生違反了守則。如果某個學生被學習小組長指出，或者自己承認了犯了錯，就應按照情節的輕重給予處分。但是懲罰要由教師自己或者委託他人來執行，如果學生犯的錯誤需要用處分來教育的話。

十二、關於學校紀律的規定

　　和學校相關的工作規定就是上面這些了。下面應該分析一下，如何才能讓全校全體成員的工作井然有序，先概括的說幾點。

- 校長掌管學校的名冊，每個新入學的學生都要自己親筆把姓名登記到名冊上，以此來保證自己將認真的遵守學校的各種規定。

- 編寫年鑑也可以用類似的方法，同樣存放在校長那裡，不過要讓某個教授也有鑰匙，可以打開存放著年鑑的櫃子；祕書要將由校委會一致通過的如下資料記錄在年鑑中：

  - 學校創建、發展和變化的所有情況。

  - 學校的校長和教授名單及變動的情況。

  - 各個時期發生的重大事件。

  在年鑑中要評述所有的教學大綱、重要演講等。

- 每個班級也應該和一個小國家一樣，要有自己的委員會，由正、副學習小組長組成，第一小組的學習小組長出任主席。

  （為了讓學生能夠更加專心的學習，教師可以從本班挑選幾個學生作為自己的助手，要選那些才能出眾、學習勤奮的學生。選幾個助手，則根據當年的學生人數來，一般每十個學生挑一個助手。為了讓班級的所有工作順利進行，可以從即將升級的學生中選學習小組長，讓他們留下來。

因為該年級所有的課程他們都學完了，熟悉課程的全部內容，將能為教師提供應有的幫助，並在升入該年級的新生中，作為教師的助手發揮作用。但是有一點，就是不能違背那些被選中的學生的意願。因為他們的工作是沒有報酬的，也為了和其他同學相區分開，應該稱他們為教師的助手。因此如果一個學生已經在某個年級盡了這種義務，那就不能再在別的年級留任學習小組長了，而應該讓他們及時的升入下一個年級，一直到最高的年級。）

- 這一點不是強迫的，而是盡量要求每個班級的學習小組長，每週至少在教室碰一次面，討論一下是否哪裡出現了違反紀律的現象。如果發現有，要麼由他們自己進行糾正，要麼規勸那些犯錯的同學自己改正。還要對他們之間出現的分歧進行調節。如果問題解決不了，就去向教師求助。

十三、關於學生家長和監護人的規定

想上學就上，不想上就不上，想上課就上，不想上課就不上，這樣的風氣是有害的。這樣的學生是一點真正的知識都學不到的，也是根本受不到真正的教育的。顯然，需要有一種特殊的方法來糾正這種壞風氣。既然是這樣，我們不就應該要求每一個自願到我們這種設備完善的學校學習的學生，一定要嚴格遵守我們這裡的紀律嗎？所以，在將學生寫進名冊之前，我

們要讓每個家長都做出下面這些保證。

- 我自覺自願並完全有權將我的兒子交由貴校的教師，讓他們可以全面的學習科學知識，了解風俗習慣。
- 我將孩子交到貴校，在他的學業徹底結束前，不會領走他。
- 為了讓他不斷獲得進步，我將盡量不讓或者少讓他離開學校回家。
- 如果因為家中有某種特殊的情況需要耽擱他一下，我保證會盡快將他送回學校。
- 如果我違反上述這些保證，導致孩子的學習成績沒有達到我的預期，我將責備自己，而絕不會歸咎於學校。

最後，父子還都要在名冊上簽名，保證履行自己的承諾。

十四、關於學生的規定

（一）每一個被准許入學的學生，除了在有益的科學事業、良好的習俗等上獲得成就外，任何其他企圖都不能有。

（二）所以，無論是誰都不能像一個幽靈，而是應該成為一個有活力的、生氣勃勃的人，對所有的事物都興趣濃厚。否則，他就會被趕出學校。

（三）每個學生應該像愛自己的父親一樣，真誠的愛自己的教師，心甘情願的、認真的聽從他從各個方面對自己進行教

誨。對別的年級的教師，也應該給予一樣的尊敬。

（四）除了教師，學生還要尊敬教師的助手和學習小組長，對他們各方面對自己的善意教導表示聽從。

（五）學生要和每個同學都友好相處，不罵人不打人，讓我們學校不存在吵架等不和睦的現象。

（六）學生一聽到上課的信號，就要馬上進入教室，並在自己的座位上坐好，不要坐別人的座位。

（七）學生如果有急事不得不缺席，要將自己請假事由告訴值日生（自己報告或請他人轉告、書面報告都可以），以便值日生向教師報告此事。如果忘了報告，第一次要給予其警告處分。如果這種事情連續發生兩、三次，那麼就讓他在放學後留下，向別的同學補學所缺的課，或者給予他處罰。

（八）教師在進行敘述、示範、講解時，所有的學生都要全神貫注的聽講。如果教師讓他們模仿，他們就要馬上進行模仿。

（九）如果教師提出一個問題，每個學生都應該集中注意力進行思考，讓教師所問到的每個學生都是做好了回答準備的。

（十）每個學生都應該學會怎樣才能不慌不忙、清楚明瞭的讀書、寫字還有談話，沉著而正確的思考和行動。

（十一）對於每週的考查，每個人都應該進行充分的準備，好讓自己的得到是稱讚而不是斥責。

（十二）在校內外，全體學生彼此都應該進行交談，但是如果是談論正經事的話，就只能用拉丁語。無法用拉丁語將自

己思想表達出來的人，就別說話，或者請教他人該怎樣說後再說；為了保證以後不再忘了，他應該將這些話記在自己的日記本當中。

（十三）可以用拉丁語（懲罰）牌作為監督拉丁語的學習是否勤奮的工具。每個得到了這種牌子的人，就要說一句好的格言作為處罰，而把這個牌子留一夜的人，就要說出三句格言作為處罰。

（十四）每個學生都要保持身體的清潔。任何去上學的學生只要出現了沒有梳頭、洗臉或者衣冠不整，就要得到操行牌，受到的懲罰和得到拉丁語牌子的差不多。

（十五）每個學生都應該讓自己的行為符合禮節。表現出傲慢、輕率、粗魯、粗枝大葉和粗魯等毛病的人將會被嚴厲的訓斥，並得到操行牌受到處罰。

（十六）在校外走路或和別人交談時，所有的學生也要注意遵循關於謙虛和美德的規則。

（十七）那些被同學或者學習小組長規勸過，也拿到過懲罰牌，但是仍然不改正自己的不良行為的人，將會受到用樹條赤身抽打的懲罰。如果仍然拒不悔改，就要送他去校長那裡酌情處理。

十五、學習小組長的職責

（一）學習小組長應該對本組組員的按時到校（早於教師的到來）進行監督，並坐在自己的座位上。

（二）如果哪一天學習小組長自己無法來上課，他應該指定一個人作為自己的助手，在這一天代替自己維持秩序。

（三）如果這一天班上有人缺席，學習小組長應在教師到教室後馬上將此事向他報告。

（四）他應該向教師進行匯報，昨晚都有誰拿到了操行牌、拉丁語牌或者別的懲罰牌，好讓這些人背誦格言。

（五）在朗讀、書寫或者做別的練習時，學習小組長應該對每一個同學進行檢查。發現誰出了錯，要幫助他糾正。

（六）在校外，他應該注意每個同學的表現是否有禮貌，對那些在某方面有欠缺的同學進行規勸。

（七）每個學習小組長都應該關注自己的教室，包括是否在課前及時打開，課後是否馬上關好，門口是否清潔。每週輪流由一個學生負責上述這些事情。

（八）學習小組長如果缺席，上述這些事情由他的助手負責。

（九）那些十分認真負責的學習小組長，應該授予他們教師助手的榮譽稱號表示鼓勵。而那些怠忽職守的學習小組長，則要受到懲處，並被撤銷職務。

十六、宿舍全體成員守則

（一）所有住進這裡的人都應該記住：他進入的是一棟講禮貌、有紀律的住所，要遵守這裡的規章制度。

（二）所有人都要住在宿舍管理員分配給他的房間裡，注意保持房間的整潔。

（三）除非得到了宿舍管理員（這裡稱為「樓長」）或副校長的允許，否則任何人都不得擅離宿舍。如果有事不得不離開，要注意按時返回宿舍。

（四）所有人都不得遊手好閒的在宿舍裡到處遊蕩。因為是在團體宿舍裡住，必須要習慣井然有序的生活。

（五）任何人進入別人的房間，都要事先敲門，否則不得進入。

（六）任何人不得在夜晚進入他人的寢室。

（七）任何人都不得在宿舍裡大吃大喝（不管是悄悄的還是公開的都是不允許的）。

（八）管理員敲門時，不管是白天還是夜晚，每個人都應馬上開門。

（九）所有學生都應在晚上 8 點鐘就寢（晚自習絕對不能超過 9 點鐘）；應在清晨 4 點鐘起床（絕對不能晚於 5 點鐘）。

（十）起床後，所有人都應整理好床鋪，然後半小時內做好個人衛生，梳好頭，洗完臉，穿戴整齊。半小時後做禱告，然

後開始學習。

（十一）除非有特殊的理由，否則任何人都不能缺席團體禱告。

（十二）所有學生都應和睦相處，任何人都不可以欺侮別人。受到欺侮人不能報復，而應該透過帶有善意的調解方式，恢復雙方友好的關係。

十七、關於派特克市教育機構的規定

（一）任何要求入校的人，必須呈交一份證明資料，可以證明其出生合法、品行端正，以此證實他有被推薦的資格。

（二）然後，學習必須要考核他的才能和成績，好了解他是否具備學習科學知識的能力。校長負責組織這種考核。

（三）如果想入學的人比預定供宿舍用的助學金的數目多，處理方式如下：那些比較貧困、其他各方面條件都一樣的學生可以免交伙食費，而剩下的人只發給部分生活費；如果部分學生沒有床位，那就要為他們另想辦法。

（四）那些只減免一半伙食費的學生，必須將一年的費用預交給學校。

（五）那些獲准入學並享受助學金的學生，可以一直享受助學金到畢業，除非他獲得了某種經費，或者當上了家庭教師而自願將助學金放棄，或者因為品行不端而被取消了助學金。

（六）所有（住學生宿舍的）學生都應該遵守這裡的一切規則，甚至應該比別的學生更加努力，為全體學生樹立勤奮、誠實、謙遜的榜樣，而不會讓別人冒出這樣的看法：恩惠施給了不配領受的人。

（七）所有的人應該注意聽早餐和午餐時朗誦或朗讀的文章。在朗讀和進餐後，每個人能將自己最喜歡的內容記在腦子裡。同時還要求大家比一比訓練注意力的好的練習形式，互相鼓勵。

十八、關於教師的規定

（一）我們的教師應該是誠實、工作勤奮和積極的人。他們無論在表面上還是在事實上，都應該成為一個活生生的榜樣，就是他們教育別人要具備各種美德的那樣（所有虛假的東西都是無法持久的）。

（二）想要可以精神抖擻的履行自己的職責，以及避免產生煩惱和厭惡的情緒，他們首先不應該有貶低、看不起自己的情緒。如果有人認為教師這個職業不光彩，現在當老師只是為了賺錢的話，那麼他一旦找到了一個薪水高一些的工作，就會像逃離磨坊那樣逃離學校。但是我們不這樣看，我們認為教師這個職位，已經是一個非常光榮的職位，委任給他們的，是世界上最高尚的職務。他們如果相信自己的工作是在為人類謀福

祉，他們將會和大衛一起歌唱：我遇到了最好的機會，我獲得了最好的遺產。既然所有的這些都是取決於他們自己，他們將努力為了這樣崇高的目標去做所有可能做的事情。

（三）這項宏偉的事業是需要冒風險的，是需要貢獻自己的智慧和力量的。

（四）總之，現在迫在眉睫的，就是要用好的榜樣牢牢的吸引住學生；因為後面的人通常都在踩著前人的腳印前進，學生通常都是按照教師的樣子造就出來的，這是再自然不過的了。光憑著說話和發布書面命令的方式進行引導，只能讓事情稍微有一點點的進展。所以，我們的教師可不能像那只會站在路邊伸手指路，自己卻不走的人 —— 樣。

（五）教師應該教授學生非常好的遵守人類社會的法律。而且，他們的教學最好不要用命令的方法，而是用典型的案例。所以，讓學生形成溫順、冷靜的性格，進而形成健康飽滿的精神，將是所有教師的職責所在；讓學生為柏拉圖的大宴會，而不是奢侈逸樂之徒的筵席而感到高興。同樣的，教師要在衣食住行每個方面，都為他的學生樹立簡樸的典範，在工作上要成為朝氣蓬勃、熱愛工作的模範，在行為上要成為品行優良、謙虛謹慎的榜樣，在交談上，要成為會掌握談話的藝術和時機的高手。總而言之，要成為通曉個人和社會生活各個方面的榜樣。

（六）如果一個人頭腦中的知識十分豐富，並擅長在各種事物中做出最好的選擇，那麼他就可以在宗教信仰和道德修養方面獲得更出色的成績。而科學是事物的認識的泉源，因此不僅

教師要記住這一點，他們教育的學生也要明白這一點。所以教師應該清楚、願意並擅長讓自己的全部學生的頭腦都變得更加聰明，語言的表現力變得更強，雙手也變得可以熟練的進行書寫和做別的事情。要想將這些要求都達到，還是離不開實例、訓導和實踐的幫助。

（七）總之，教師就是要做到，學生能看見自己做的，明白自己講的，這就要讓他們模仿，讓他們也能將你能表達的事物表達出來。而在他們剛剛表現得可以做到這一點時，就要讓他們進行反覆的練習，直到他們可以正確、迅速的完成這件事。有個觀點，甚至獲得有些優秀教師的贊同：教師在讓學生聽寫時責任是最輕的。其實不是這樣的，這時教師應對學生進行觀察，看他們的注意力是否集中，要用不斷提問的方式對學生的思維進行激發，讓他們明白。如果發現學生寫錯了，就要巧妙的糾正他們的錯誤。

（八）想要完成這一切任務，還沒有枯燥無味的感覺，教師對待學生就一定要像父親一樣，真誠的盼著他們都獲得成就，教師彷彿就是學生精神成長方面的父母親。因此他們應該比較溫厚而不是嚴厲的去做這些事情。不要忘了賀拉斯的話：把好事和有益的事連結在一起的人，一定會獲得大家的支持。

學生是一些年輕人，還沒有挑過生活重擔，在他們這個年齡階段，只會按照個人的喜好來區分事物是不是有益的，比如和真正的事物相比，他們就更想要糖和蜂蜜。

（九）那些優秀的教師，不會放過任何一個向他的學生灌輸某種有益的知識的機會。總之，如果我們的教師想要讓學生掌

握某種好的東西，那他們無論何時都不會放過這種機會，不管這樣的機會，是在校外只有少數人的時候，還是在當著學校全體學生的時候。但是如果是前者，事情將會是這樣的：某個學生應該在教室裡，向他的全班同學複述他單獨掌握的知識。這樣做的好處有兩個：首先，可以讓全班學生養成了解在校外跟別人講的事情的習慣，並且學會轉述自己了解的事情；其次，這樣可以讓因為某種原因而和某個人說的事情，可以讓全班學生都受益，因為學校的教師，應該是全體學生的老師。

（十）教師不僅自己要首先將最主要的任務完成，而且還要教導自己的學生也應該這樣做，並要求他們以這樣的方式遵守這一原則，而不是相反的方式。這樣說的意思是，他們首先應該教的是最必需的東西 —— 待人接物方面的美德，最後才應該是生活的外部裝飾品 —— 科學知識。

（十一）在道德這一方面，他應該透過多種練習來對學生的工作能力進行培養，讓他們產生參與工作的渴望；如果達到了這一點，他們就可以說是有了生活的法寶。

（十二）每個教師都應該向自己提出本班的目標和任務，他要熟知自己要實現什麼目的，並且要根據這個來安排所有的活動；如果他讓自己班級所有的學生都實現了這個目標，那麼他將獲得獎勵。如果有學生沒有達到，那麼他的教師將會蒙羞。

十九、關於校長的規定

（一）校長要牢記自己是全校的核心和支柱。

（二）所以，他應該讓自己就是典範：道德高尚並且熱愛工作，在各個方面他都要成為活的規則和條例。

（三）他要透過精神生活純潔、對人厚道、盡職盡責、孜孜不倦和精力充沛來維護自己的威望；他還應該對全體同仁、學校教師和私人教師進行細膩的觀察，看他們是否服從自己的領導。

（四）校長並沒有屬於自己的教學班，全體學生都是他的學生。從這個角度看，校長應該像將太空照得四面通明的太陽一樣，每天都要將所有學生的心都照亮。

（五）他應該是不是對某些教師的生活和教學工作情況進行檢查，私下或者公開檢查都可以。

（六）他應該時刻保持關注，不要讓學校裡發生違反規章制度的事情，讓一切都井然有序、順利進行；一旦發現了越軌的事，就要馬上採取措施進行糾正，並防止不良的後果產生。

（七）有一點他尤其應該牢記，並要經常提醒自己的同事：只會訓導，是不可能教育好學生的，教學的進行要利用反覆的指點和不斷的模仿，讓教師都明白做一個激勵者要好於做一個才能開導者和領導者，而絕對不能變成對年輕人專橫跋扈的人，還要讓這一點不至於成為優秀教學論的祕訣中最後的一點。

（八）他應該妥善保管學校檔案（包括和學校的創建、特權、規章制度相關的資料以及各種紀錄和校史資料），就像對待最珍貴的寶貝那樣。

（九）他還應該用同樣的態度將名冊嚴加保管，並將每個進校和離校學生的姓名記在上面，最好讓每個學生自己親自簽上去，並寫上當時的年、月、日。

（十）他要第一個向每個入學或希望入學的人宣讀學校規章，並詢問他是否可以做出保證，會遵守這些規章。他要讓對方明白，只有服從學校的規章和獎懲制度，並親筆簽名作為保證的人，才能獲准入學。

（十一）外國人和外來者，他應該殷勤的予以接待。

（十二）那些想離開學校並要求出具學習勤奮、品行端正證明的人，他應該按照其實際情況和成績評定分數。

（十三）他應該對那些需要中學教師的城市和學校保持關懷，出具相關的證明，將當之無愧的人推薦過去。

（十四）他要撰寫校史，並將所有的重大事件寫進學校的年鑑。不過有些最重要的問題，他不能按照自己的想法進行記錄，而是要提前召開校委會，徵求大家的意見。

（十五）他應該堅信這樣一點：賞罰公平是辦好學校的基礎，並根據這一點施行獎勵和處分。

二十、關於監察員的規定

　　斯巴達人在來古格士（Lycurgus）那裡得到了一部優秀的法律，一直到他們為法律配備保衛者，也就是法律衛兵之前，他們都不覺得這個法律具備足夠的力量。這樣的論斷是非常明智的。因為沒有付諸實行的法律，再好的也是一紙空文。而如果沒有配備法律衛兵，法律就無法開始執行。

　　所以，為了讓我們學校的準則獲得施行，任命法律衛兵也是必須的，讓頒布了的規則永遠都有效力。而在我們中間，那些肩負著和大量的不學無術和野蠻行為作爭鬥的使命、並已經獲得打敗敵人的武器的那些人，不應只靠著揮舞武器來爭鬥，而是還要憑藉真正的、嚴厲的壓力。我們將這些人稱為監察員，他們的職責如下。

1. 他們應該明白：他們肩負著關注國家（也是現在和未來人類幸福的基礎）的苗圃的使命。所以，他們要時刻注意，不能讓這種社會事業遭到一點損害。

2. 其次，他們應該視學校為他們一定要很好美化的斯巴達。因為別人為學校服務，更多的是在用自己豐富的學識，而他們則不一樣，更多的是在用自身的榜樣和志向為學校效力，因此他們應該可以用自己的警覺性讓一部分人醒悟，利用自己行為的合法性，引導另一部分人遵紀守法。

3. 他們應該對學校裡那些學識淵博、做事方法高明的教師表示關心，就好像對為了這樣的使命而誕生的人關心一樣，

也就是那些將自己的一輩子都奉獻給了上帝和年輕人，並為國家造福的人。

4. 他們應該清楚：從學校利益的角度出發，學校裡始終有這樣的人，要好於頻繁的更換。他們應該希望，並努力實現讓可以引導年輕的人一直在領導學校。

5. 如果因為時間的流逝，某人最後對這項工作感覺厭煩了，想去從事別的職業或退休，那也不必強留（這和對待被鎖在磨坊裡的奴隸很像）。強留不會為學校帶來一點好處的，一切自願，才是學校需要的。在放他走的時候，也不應該表示憤慨，或者對他進行侮辱性的譴責，禁止一切於他的榮譽和尊嚴有損的事情發生。

6. 正因為按照智慧和真理的最高庇護者的名言，每一個工作人員要無愧於自己受到的獎賞，所以作為他的代表的監察員的職責是：使教師也能得到公道的和足夠的薪水，使他們中的任何人不至於去藐視自己的職業而去做別的事，或者至少使他們沒有理由對自己的工作漫不經心或貪圖錢財。（說真的，如果做了工作得不到獎賞，工作就會變得使人厭惡。）

7. 他們應該注意已被任命擔任這項工作的人是否十分熟練的完成自己的每一項職責。為了做到這一點，他們要經常（或是一起，或是單獨的）到學校去，參與各項工作，並以此激勵教師和學生不斷的努力。這樣他們就不會認為這對他們有困難了，因為他們的出現鼓舞了士氣，聽課的人能激發師生更勤奮的工作和學習。

8. 他們應該特別留心，有學生在場時要使教師的威信不受侵

犯並保持下去，要防備教師受到低劣的評價。輕視教師會直接導致整個紀律的破壞。

9. 假如發現某個教師，甚至校長、最主要的教師在生活方面有惡習或弱點，或工作馬馬虎虎，他們不應該置之不理，而應友善的勸導有過失的人。但要與他單獨談，不要讓任何一個學生知道，不要提供不尊敬師長的藉口。

10. 為了盡可能不打亂教學秩序，解僱和重新錄用某位教師一事，一般應該安排在進行新學年準備工作的時候，也就是學生升級的時候。

11. 有一種很明智的說法：對人類的保護應該首先表現在搖籃裡（即主要在幼年時期就必須防止沾染惡習）。

12. 如果有（也應該有）幾所學校，那麼監察員應該注意使所有的學校在各方面都完全一致，使教師們齊心協力。

13. 我們要特別提醒的是，有一種指派根本不識字的人去照管初學者的非常流行的習俗。其實，需要的正是很有學問和極有智慧的人幫助初學者打下正確的初步的基礎。因為誰知道得較少，教得也就越不清楚。如果啟蒙階段就一知半解，那在以後的階段就更糊塗；在小事上無能的人，大事也做不好。

14. 最後，監察員應該十分清楚：賞罰分明是維持學校這個王國的基礎。因此他們應該加倍注意，不使任何美德得不到獎勵，也不使惡習不受懲處；這樣他們才能輕而易舉的使一切規章行之有效。

二十一、關於學校紀律的規定

（一）學校從上至下無論誰都不得有任何破壞規章制度的行為。

（二）然而，為了處罰得當，應該有根據過失輕重程度制定的、大家都熟悉的處分等級。我們學校最厲害的處分一般為用樹條赤身抽打，稍輕一些的是合理的訓斥。抽打時要注意保護頭部。

（三）由於疏忽而不是明知故犯的過失不應嚴懲，但同時又不能因為姑息而使過失越來越嚴重。明知故犯必須杜絕，並視為一切罪惡的根源加以剷除。

（四）如果有人由於自由散漫，不注意聽講，東張西望，閱讀或書寫與上課無關的東西，說閒話，分散自己和別人的注意力或犯有上述同樣性質的錯誤，就必須即時對他指出，讓他遵守秩序，直到他改掉這些毛病為止。

（五）那些吵嘴、打架、賭咒、罵街、不尊重他人、和不道德的人交朋友而於自身名譽有損的人，一定要嚴加訓斥，讓他引以為戒。

（六）違反和學習語言相關的人，要給予其一定的處罰：不講拉丁語的人就要懲罰他背誦拉丁語單字、句子還有故事。

（七）無中生有的和自己的家長或者監護人、朋友告自己同學、教導員或者教師的狀的人，一定要予以嚴厲的處罰。這樣

做的原因，不僅是他洩露了學校的祕密，還說了謊話，對教師忘恩負義，用他的謊話破壞了人與人正常的關係，還把善良人的情緒都擾亂了。

（八）如果學習小組長明知故犯，就要加倍的處罰他，以此來對別的學生進行警告。如果發現他出現了失職行為，就應該撤換掉他（如果可以找到一個稱職的人替代他的話）。因為他的行為不端會把另外十個人帶壞，進而導致學校的紀律被破壞。

（九）如果有哪個高年級的學生，在學校裡散布藐視或褻瀆規章制度和紀律的言行，那麼他的直接領導者首先應該單獨對他進行開導。如果不起作用，那就應該在全體集會上批評他。如果還是無效，那就要向校長報告這件事。校長應該組織召開校務委員會，將事情的經過弄清楚，並懲罰犯錯誤的人；如果這個學生依然拒不悔改，那就應該開除他。除了開除這種嚴厲、可怕的方式外，我們不想使用更嚴厲的方式。這正像趕走羊群中那些壞透了的羊，不讓牠把別的羊帶壞一樣。

（十）為了讓學生對紀律是畏懼和尊重而不是嬉笑或憎恨的態度，我們就應該嚴格的、堅決的維持學校的紀律，但是注意不能是戲謔或狂怒的態度。所以在領導年輕人時，態度要溫和而不輕浮，在處分時可以斥責但不能尖刻，在懲罰時要嚴格而不殘酷。

二十二、關於遵守準則的規定

（一）經驗告訴我們，我們大家其實是比較容易去做壞事的（特別是在青少年時期）。可能只需要幾個小時內，就因為遊手好閒或者放蕩行為而變壞了，以致無法很快讓靈魂重新恢復純潔。所以，我們應該經常維護規則，時刻保持高度的警惕。否則什麼規章制度都沒有，和有規章制度但不遵守就沒什麼區別了。要知道，瘋狂掙脫規章桎梏的放蕩行為所帶來的危害，要比完全不受束縛的它大得多。

（二）古人常說這樣一句話：為將規章制度建立起來而進行的爭鬥，難度要比造幾座牆大得多。這麼說是有道理的（因為沒有牆壁一樣可以生活下去，但是一個沒有法律的國家無論如何是無法存在下去的）。所以，學校安寧的源頭就是對各種規章制度的認真執行，這是毋庸置疑的。

（三）但是有句話，同樣也是有道理的：哪裡醫生多，哪裡疾病也多；哪裡法律多，哪裡的犯法行為也多。所以，學校要想獲得安寧，主要靠的不是增加規則的數量，相反，靠的對已經頒布的規則的切實遵守。因此，不要輕易增加新的規則，除非特別需要。堅持執行這些通用的、數量不多的、行之有效的規章是最好的。

（四）西塞羅說過，規則對所有人是完全一樣的效力。所以，我們要盡力做到規則對每一個人，不論是誰，都是同樣的有效。規則不應成為只能將小蚊子抓住，但是卻被胡蜂等大昆

蟲撕破的蜘蛛網。

（五）學校現在不敢將某個變壞的學生開除（只因為他出身富人或者貴族，或者有別的方面的考慮，不想讓他自己或家長難過），更不願意將那些酗酒、自由散漫、怠忽職守或者在某些方面無恥下流的教師開除，這正是學校紀律不健全的表現。

後記

上面這個準則是專門為派特克學校制定的，不過並沒有得到實施（因為建立七年制學校的努力失敗了）。但是我還是將這個準則匯集在這裡，好不讓它包括的好條文散失了。而派特克學校如果發生了紀律性薄弱的狀況，就可以在這個準則裡面獲得啟示，找到正確的解決方法。如果別的學校能從這些規則中獲得某種益處，我們也一樣會很高興的。

第五章
西元 1653 年為年輕人制定的行為規則

首先要養成善良的性格，接著要學會智謀，因為沒有前者，後者是很難學會的。

—— 塞內卡（Seneca）

在學業上獲得了成績的人，如果在善良的性格方面上比較差，那就會比他獲得的成績還差。

—— 民間俗語

一、關於一般的性格

（一）道德的基礎是人的一種精神情緒，人有了這種情緒，行動就會令人愉快，以此獲得善良的人們的喜愛。

（二）年輕人，不管你在哪裡，你都要記住，你是在當著眾人的面。

（三）所以，千萬不要當著他們的面，做出某種不成體統的事。

（四）為了你的良心，願你的靈魂保持純潔；為了眾生，願你的面孔和舉止，你的言語和整個外表保持潔淨。

（五）但是你不應當帶一點點的虛假和做作，自然逼真和真正的善良是你所有行為的唯一準則。

二、關於面部表情、整個身體狀態和動作

面對所有值得尊敬的人時，你的舉止應當注意這些細節：

1. 站得筆直。

2. 脫帽。

3. 面部表情既不能悲傷或者憂鬱，也不能不恭敬或者變化無常，而是要溫柔、自然而謙虛。

4. 額部注意要舒展，不能皺眉。

5. 眼睛不要亂瞟或者斜視、東張西望，這是沒禮貌的；也不要呆呆的看著，而是要一直謙遜的注視著和你對話的人。

6. 鼻子要乾淨，有了鼻涕及時擦掉。

7. 不要噘起嘴唇，要保持自然的狀態。

8. 不說話的時候，嘴不要大張或者歪著，也不要緊緊的閉著，而應該是微微的合著的狀態。

9. 不要咬嘴唇，不要伸舌頭。

10. 伸直脖子，不要歪著。

11. 兩邊的肩膀要一邊高，不要一邊高一邊低。

12. 手不要亂動，不要有搔頭、挖耳朵或者挖鼻孔、抓頭髮或者其他不妥當的動作。

13. 如果是站在那裡，就要雙腿併攏，筆直的站著，而不要像鸛一樣一條腿站著，也不要雙腿叉開，而是要稍微合攏。

14. 如果是坐在那裡，就要坐姿端正，後背不要靠牆，不要用手肘撐在桌上，不要側身彎腰，也不要蹺腳。

三、在自然願望下的行為

（一）你要做就要做得得體。

（二）如果你想笑，就要笑出聲，不過要注意適度，不能放聲大笑。（別人說什麼做什麼，都報之以笑，這是傻子 —— 輕浮的人也這樣，什麼事情都不笑，這是呆子。在這個方面應該保持中庸。）

（三）如果你的唾液多得難受，那就吐掉，但是要注意向旁邊吐，避免吐在別人的身上。（頻繁的吐唾沫是不文明的，而吞嚥唾液就和動物類似了。）

（四）如果你的鼻涕多得難受，那就擤出來，但是不能用袖子和帽子，要用手帕或兩個手指（並且要將身體轉過去）擤鼻涕，這樣可以不將手指弄髒；然後要用腳擦掉鼻涕，以免引起別人的厭惡。

（五）如果你感覺自己要打哈欠、噴嚏或者咳嗽，就要將身體轉過去，或者用手摀住嘴巴，還要盡量不發出聲音。

（六）放屁是可恥的，這一點要切記。

（七）請只在遠處將汙穢清除，如果你多多少少要注意點禮貌的話。

（八）大聲呼嚕和打鼾，與其說這是人的，還不如說是熊的本性。

四、關於髮型和服裝

（一）聖徒的頭髮不允許長到能遮住前額或者垂到肩上的長度。

（二）不過無論你的頭髮什麼樣的，都要經常梳洗、保持乾淨，不要出現髒東西、頭皮屑和蝨子。

（三）要穿著乾淨的衣服、帽子、鞋子和腰帶，不要被髒物、灰塵或者別的更髒的東西弄髒了。

（四）沒有完全穿好衣服就出門了，就像把禮服或者雨衣搭在肩膀上一樣，這樣的做法更適合於小丑，而不是從事學問研究的人。

五、關於外出

（一）如果沒有洗臉、梳頭和穿好衣服，不能去社交場合，無論什麼時候。

（二）在街上或者別的人們能夠看見你的地方，要注意舉止端莊，讓任何人都無法挑出你的問題。

（三）你的步態要注意合適：走得不能太慢，因為這樣會顯得比較懶散，但也不要走得太快、太急，因為這樣會顯得輕佻。

（四）走路的時候，應該不疾不徐，從容不迫；不要跑跳，不要雙手來回搖擺，不要轉向，不要低著頭看地面，也不要回頭看等。

六、在談話時

（一）說話的作用是教與學，如果不在這範圍裡，最好別說話。

（二）如果需要說話，那麼思想應當先於語言產生；而不是反過來，也就是如果說了什麼不合適的話，再感覺難以繼續下去，或者想要將其收回。

（三）為了讓人聽清楚，發音要清晰。

（四）說話的聲音要平靜柔和，不能尖銳刺耳，也不可以嘟噥自語，讓對方很難聽不見你在說什麼。

（五）你說話就用舌頭說就可以了，不要用手或者頭甚至整個身體，也就是說話時身體不要擺動，也不要加上手勢。

（六）如果你在提問或者回答別人的問題，言語要注意清楚、簡練。

（七）在對方還沒有結束自己的發言前，就打斷了他，這樣的行為是最不禮貌的。

（八）如果交談中得提及某件於禮貌有失的事情，那就要先說一聲對不起，或者將這件事轉述出來，讓不怎麼禮貌的東西

在對方聽來，措辭也是十分的得體。

七、早晨的行為規則

（一）獻身科學的人就不會是貪睡的人，睡了 7 個小時後，他就馬上去上班。

（二）起床後將頭髮梳好，用乾淨的水洗臉、洗手、漱口，將衣服穿戴整齊。

（三）祝福每一個見到的人。

（四）問候後就要開始一天的學習，想一下你需要在這一天都做些什麼。

（五）想好你都需要做什麼後，就要認真的將其完成，為了讓一切順利進行，讓一切都得到合理的支配。

八、在學校裡的行為

（一）要像急著去玩那樣（玩的時候的確是這樣）急著去上學，無論何時都不要蹺課。

（二）當天和課堂上你所需要的學習用具都隨身帶好。（向其他同學借用書、紙、筆和墨水是很不好意思的事情。）

（三）要立即坐在自己的座位上，不要占了別人的座位。

（四）教師沒來之前，不要閒聊和喧鬧，以免打擾了別人，無論哪個方面的舉止都要溫雅謙恭。

（五）如果你有了有學問的教師，有了教科書，但你仍然是無學問的人，你應對此感到慚愧。

（六）日記的作用是輔助記憶；在日記中，你需要在那些你還不知道，但還需要你熟讀的地方做上標記。不記日記，或者馬馬虎虎記日記，都是學習不認真的學生的顯著特徵，也是要予以否定的。

（七）如果有一小時或者一天，你沒有掌握一點新的知識，學識沒有一點進步，你應該認為這是不幸的一天或一小時。

（八）一放學就要馬上回家；不要停留，不要逛街，不要做一點不成體統的事。

（九）如果你在家裡需要服侍自己的父母或主人，那就去服侍，不要有一點拖延；如果你被派遣去了某個地方，那就要認真的將委託給你的事務完成，並要立即回家，要知道學習對任何方面都是有好處的。

（十）你服務後其餘的時間，你要用在複習已經掌握的知識上。（在生活中，沒有什麼東西要比時間還寶貴；失去時間，就等於失去生命。）

九、關於對待教師

（一）要熱愛教師，就像熱愛父親，在他的監督下，你可以感受到最大的愉快，這是在任何其他地方都比不了的。

（二）應該在言行上對每個教師表示尊敬，並聽從他們的話。

（三）要將教師視為活生生的榜樣（在教養和道德方面），並極力在各方面對他們進行模仿。

（四）教師在說話時，要認真的聽他說；當他用話語或手對某一事情進行提示時，要仿效這件事情。當他指出你的錯誤時，要立即將錯誤改正。

（五）要避免對教師的侮辱和傷害。

（六）一切有可能挨打的事情都要極力避免。

（七）如果你因為犯錯而要被懲罰，就不要發牢騷；如果你因為美德而被表揚，那就應該高興起來，並努力獲得更多的表揚。

十、關於對待同學

（一）要視所有的同學為朋友和兄弟。

（二）要和大家友好相處。

（三）除了學業，不要有任何爭鬥，無論因為什麼，即使是因為學業，也不要去爭辯或者採取敵對行為，而要用勤奮去和對方競爭。

（四）對那些謙虛、學識淵博的同學，應該更加熱愛他們，並主動的和他們交朋友。

（五）要想超過那些因勤奮而被表揚的人，就要經常和他們競賽。

（六）為了不在你要競賽的人面前示弱，還要超越他，就要盡自己最大的努力。

（七）失敗時，不要生勝者的氣，但是這種失敗應該成為一種鞭策，讓你將來可以戰勝勝者。

（八）在這樣的情況下，勝利也要勝得漂亮，失敗也要敗得光彩；不管勝利還是失敗，都是勤奮和勇敢的礎石。

（九）沒有決心參加上面這種競賽的人，將會受到人們的恥笑和鄙視，就像懶惰的動物一樣。

十一、對所有的人的態度

（一）只結識那些可以讓你（或者你可以讓他）成為高尚或有學問的人。

（二）要像躲避毒品一樣，離那些輕佻的朋友遠遠的。不健康的談話會將本來良好的風氣帶壞。

（三）但是我們還需要生活在人世間的喧嚷裡面，所以應該注意，不要拿某種不成體統的行為當作榜樣，自己對此還一無所知。對人的態度，要聽取一些明智的人的勸告。

（四）要熱愛每個善良的人，不可激怒一個凶惡的人。

（五）不要自暴自棄，也不要讓別人陷入絕境，也不要鄙視別人。

（六）無論是誰，都不要發生爭吵和漫罵。

（七）要任何人都要保持和氣，對任何人都不要發脾氣。

（八）如果有可能，施予恩惠要好於接受恩賜。

（九）不可追求表揚，但是要努力去做值得表揚的事情。

（十）遇到任何人都要問候他；那些值得尊敬的人，你甚至要記得脫帽，讓位置給他，並對他點頭表示敬意。

（十一）對別人問候你，要給予回應。

（十二）老盯著某個人還有眼睛一直死盯著不認識的人是不禮貌的行為；但是誰都不看也是愚蠢的。

（十三）要學會習慣經得住可敬的人的注視：過分的害羞，那是鄉下佬的做派。

（十四）如果你和一位職位非常高的人交談，你要記得提起他那受人尊敬的爵位。（如果和你交談的是你不認識的人，或者你忘記了對方的身分，那就一定要特別注意禮貌，如果你對有學問的人的稱呼是老師，對地位平等的則是朋友或者兄弟。）

（十五）不要賭咒發誓，你的話要明確，要麼肯定，要麼否定，不要含糊。

（十六）如果你犯了錯，不要抵賴，要承認自己的錯誤，並請求對方的原諒。

十二、吃飯

（一）如果你有伺候開飯的機會，就要熱情的為大家服務，關照大家。

（二）吃飯時，如果你是晚輩，要和長者在一起坐，就要提前注意不要讓自己有任何和公序良俗相牴觸的事情。

（三）以下這些行為都是沒規矩的表現。

1. 還沒請就坐下。

2. 占著顯著的位置。

3. 將手肘放在桌子上。

4. 或者反過來將手放在桌子下面。

5. 用手掰食物或者用牙齒啃食物。

6. 從別人那裡抓走好吃的食物。

7. 將湯匙盛得滿滿的，像裝車一樣。

8. 將很多食物塞到嘴邊。

9. 弄髒了手。

10. 用牙齒啃骨頭。

11. 將殘羹冷炙放在別人的面前。

12. 取出嘴裡的食物，又放回盤子裡。

13. 吃東西時，聊天、發笑或者搔頭等。

14. 邊吃邊閒聊。

15. 嘴裡含著食物喝酒。

16. 從嘴邊溢出了酒，或者邊喝邊咂嘴。

17. 用刀子或者指甲剔牙齒。

（四）為了增強體力，年輕人應該吃，但是不能貪吃。

（五）要將嘴巴擦乾淨後再喝酒，並不能過量得喝，喝兩口不算多，超過三口就算過量了。

（六）吃飯時，如果沒有人向孩子發問，孩子就一句話都不要說。

（七）吃飯結束前不要坐在那裡，尤其是如果有客人在。自己要多少食物就接受多少，拿了食物後要站起來，然後將自己的盤子收拾好，再向同席進餐的人點頭示意，然後離開座位，站著侍候。

十三、飯後

（一）要洗手、漱口和刷牙，讓自己顯得乾淨整潔。

（二）為了在消化時不對大腦的高階神經活動思維形成刺激，不要在飯後看書。

（三）此外還不要在飯後睡覺；在沒有徹底消化之前，可以利用散步、適當的交談或者遊戲的方式，讓自己休息。

十四、在遊戲和休息時

（一）在規定的休息時間裡，可以用那種給予身體力量、活躍情緒的遊戲，使自己保持精神抖擻；這些遊戲可以是玩球、滾鐵環、九柱戲、踢足球、跑步和跳高。不過所有這些遊戲，都要注意適度，都要獲得教師的允許，並要有教師參加。

（二）這些遊戲是禁止玩的：打牌、擲骰子、摔跤、拳擊、游泳和別的沒有益處的、危險的遊戲。

（三）讓人愉快的遊戲可以活動身體，讓心緒保持歡樂愉快，要有秩序、有規則的玩，玩得有意義，要靠勇氣獲勝，而不是狡猾。

（四）這些行為是遊戲中的惡德：偷懶、驕傲、喊叫、精神不振，還有不懷好意。

（五）對遊戲失敗者的懲罰，不應該用給錢、書、文具或其他有一定價值的東西，不過可以用勝利者命令失敗者做一件事的方式，如要他講一個故事或者說某一個格言，朗誦一首詩，或者做一個惹人發笑的動作。

（六）遊戲時要講拉丁語，這樣遊戲就一舉兩得了，也就是說一方面活躍了身體和精神，另一方面則也在學識上獲得了進步。

（七）上課時間一到，就要立即停止娛樂，重新開始學習。

十五、晚間的行為規則

（一）晚飯以後，什麼新的事情都不要做，而要唱歌、散步，或者複習白天的功課。

（二）晚間不要離開家門，而應準備就寢，並向父母和家庭其他成員道晚安。

（三）到寢室後，自己回想一下（可以站在床前，也可以跪在床前）今天的一天你是怎樣度過的。

（四）出於健康的考慮，不要俯身睡，也不要仰著睡，而要向右側側著睡，然後半夜向左側側著睡。

（五）如果寢室裡睡著幾個人，那麼就寢前要互致晚安，不要做任何逗樂的事（如談話和喧鬧），寢室裡要保持安靜。

（六）臨近入睡時可以回想一下你當天掌握的、精選的格言，這樣就可以帶著美好的思想入睡和醒來。

第六章
論天賦才能的培養

第六章　論天賦才能的培養

（在匈牙利派特克學校大教室的發言）

　　出現在你們面前的，是一位新朋友，而你們對他來說也是一個新的團體。這個非同一般的大會證明了這一事物，因為到場參加大會的，不僅有來自科學界的、學識淵博、德高望重的代表們，還有那些名聲顯赫、品德高尚的先生們，還有本市以及周邊地區頗具名望的公民們，新事物出現時，大概都是這樣。

　　我覺得，一個人出乎你們意料的在你們面前出現，會讓你們大吃一驚。這件事其實也很出乎我的意料，因為我也沒想過會來你們這裡，那麼我們互相問一下，這到底是怎麼回事呢？這一意外的情況，可以用一位喜劇詩人的詩句恰如其分的說明：「上帝對待我們就像對待一個球似的，願意往哪裡拋，就往哪裡拋。」或者一位先知者的說法是更為貼切的，他說：「耶和華啊，我知道人的道路不由自己。走路的人，也無法決定自己的腳步。」

　　確實，在這幾年中，我已經徹底轉向另一個方向發展，這既是我自己的想法，也聽取了別的朋友對我的勸告。不過，這個統治大家的人，讓我們又改變了方向，他命令我們將西歐和北歐放棄，來東歐，來你們這裡。當時正是外西凡尼亞大公夫人和匈牙利領土的統治者在勇敢而熱情的誠心誠意、不厭其煩的寫了三次信，禮賢下士的邀請我們共商如此神聖而又艱難的事業。她準備在這個王國採取更廣泛、更完善的方式來進行宗教改革運動 —— 開始創辦的享有聲譽的古典中學，也就是匈牙利正統中學之肇始。

　　到底是什麼樣的論題，才值得有如此多的聽眾，才是和我們的共同願望相符的，另外，還能夠激發我們去展開深思熟慮的事情呢？我挑選了一個題目，它是適合這個時間、這個地點、這些人的，它就是：論天賦才能的培養。

　　為了向委託我們展開這項事業的人們致敬，我就這個題目發表演講，我將按照下面這個順序展開論述，這對我自己和你們都是最合適的，也和事情的本質相符。

　　第一，我要闡述什麼叫天賦才能，還有對才能的培養所包含的內容。

　　第二，說明一定要開發才能，就像一定要開發那些無法通行的密林或沙漠一樣，但是，培養才能一定要精心，就像我們平時在菜園、葡萄園和花園精耕細作一樣。

　　第三，闡明如何才能夠讓民族全體都順利的接受這樣的培養，這其中還包括你們的民族是否具備比較廣泛、全面和完善的培養天賦才能的條件。

　　應該得到重視的，不僅僅是實現這樣崇高願望的理由，還應該有將願望實現的有利條件，因此，我在最後還需要分析一下以上所論述的內容，為什麼我正好在現在這個時間、在現在這個城市，提出了這個問題。為什麼正好是我們，參加大會的這些人，應該義不容辭、刻不容緩的開創這項事業。我們又該如何開創呢？

　　我將按照上面的這個順序，盡可能簡明扼要的將這些內容闡述出來。

第六章　論天賦才能的培養

在這裡，「才能」一詞表示的一種與生俱來的能力，正是它讓我們成為了人。正是它，讓照著上帝的形象被創造出來的我們，可以理解一切事物，可以從所理解的事物中，將完美的事物挑選出來，可以始終掌控事物，可以對已經掌握的事物進行自由的支配，可以享受事物帶來的快樂。你們想聽我將這個問題詳細的講述出來嗎？請繼續聽吧！

人有四種與生俱來的性能或能力。第一個是思維，它是所有事物的反映者，包括判斷，這是所有事物的天平，另外還有記憶，這是所有事物的貯藏室。第二是意願，它是決定所有、命令所有的法官。活動能力是第三個，這是所有決定的執行者。排在最後的是語言，它是解說員，為大家講解著一切事物。

我們的身體裡有供這四者活動的容器和器官，就是大腦、心臟、手還有舌頭。大腦是思維生產工廠，心臟彷彿是意願這位皇后居住的宮殿；手是人的活動器官，這位執行者令人驚嘆；最後是舌頭，它是語言的行家，是不一樣的人、不一樣智慧進行溝通的工具，為了協商和統一行動，它將許多人聚在一起，形成了一個團體。

確實，敏捷的思維一瞬間就可以想遍所有事物，即使在天涯海角的，它憑藉理解能力將一切征服，憑藉判斷能力將一切分清，而且又將全部記憶，有條理的存在大腦裡。意願，它有做出決定的自由，意願應當主宰一切，這樣就可以選擇它喜歡的事物，而將厭惡的事物拋棄。手聽從思維的命令，執行意願的決定，將新的事物創造出來，將前所未有的嶄新領域開創出

來。最後，舌頭根據實際的需求在列舉所有需要考慮、表達和完成的事物時，它用自己的色彩美化這一切，讓這一切光芒四射，並不斷擴大影響，從一群人傳播到另一群人。

在我看來，培養天賦才能所包含的內容，就十分清楚好懂了。這就是：人的意義在於對農田、菜園、葡萄園進行改造，對某種藝術進行改進，此外還應對自己的身體進行改善，而人的意義在某種程度上，也可以說是在於對自己的靈魂或者天賦才能進行完善。人對每件東西進行改進，目的是讓它符合自己的需求，人如此精心的準備、製作、清潔、裝飾所有的東西，目的也是讓它符合自己的要求，在實踐中獲得最大的好處。農田、菜園還有葡萄園只有為人們帶來大量的果實和蔬菜，才能被稱為精耕細作的農田、菜園還有葡萄園。藝術只有能夠輕而易舉的創作出優美的作品，才會被視作完美的藝術。擁有濃密頭髮、光滑皮膚、健康膚色、敏捷動作的身體，才可以稱為健壯的身體。人的精神才能也是一樣，想要完善它，得有以下這些條件：第一，人有考慮許多問題的能力，並且迅速對這些問題進行鑽研。第二，人要擅長對事物之間的細微差別進行分別，可以選擇和追求那些善的事物，而藐視和避開那些惡的事物。第三，人要能夠將所從事的事情熟練的完成。第四，為了能夠更好的將智慧的光明傳播出去，為了可以將所有存在和想像的事物闡釋出來，人要能言善講，讓人們有所收穫。

一位頗有修養的人，你願意去了解他嗎？你應該留神觀察，注意他的言行舉止，甚至包括他的沉默，還應該仔細看他的氣質、眼神、手勢、步態、騎姿等他的一切；他處處可見自

尊自愛、親切待人、彬彬有禮，他處處可見自信，可見溫文爾雅、儀態大方。他是怎樣工作的，你願意了解嗎？工作當中的他得心應手，這是因為他從來都是腳踏實地，什麼事情都是按照事先討論成熟的方案進行。他的言談，你願意聽嗎？無論什麼事情，他都可以條理清楚的講述出來，而不會有一點可恥或無知的言行。而他如果需要沉默，他也擅長緩和沉默的氣氛，穩重而不失禮數，他的沉默也可以讓你學到東西。他在和人們互動時，臉上從來都只會有滿意的神態。而如果他需要離群索居，那麼也不會有孤獨寂寞的感覺，因為他經常會聚精會神的思考問題，在工作裡面尋求慰藉。他在生活中，對待善與惡是這樣的態度：在實踐中善於發現、分辨善與惡的事物，可以判明事物是有益還是無益。雖然對他來說這些事情易如反掌，不過他沒有自大自滿、自以為是。即使遭遇了不幸，他也還是這樣，不會有自暴自棄、灰心喪氣的時候。總之，詩人說：「適應各種環境的人才算是聰明機智。」而我們要說，處處都有用武之地，擅長防患於未然的人，才算是聰明機智的人。

如果我可以將一個頗有修養的民族介紹給你，你就會看見，這個民族每個人，至少是大部分人正好就是我上面所描述的這個人這樣。如果你們願意聽我再詳細的講一下，那我就採用對比的方式，來看一下有修養的民族與沒修養的民族，或者說是所謂野蠻人之間存在哪些差別。

1. 有修養的人才能算是真正的人，即他們是有人性的；而野蠻人的性格特徵是獸性的粗暴或殘酷，因此可以說他們只是有人的外表，人性的東西未必存在。

2. 如果你對有修養的人處理公事和私事的順序進行觀察，就會發現，他們安排一切是那麼的有條不紊，就像鐘錶的行走一樣，如果一個零件被觸發了，剩下的零件就會跟著運動起來：一個齒輪推動另一個齒輪運轉，一切都由數量、尺度和重量決定。而野蠻人的任何事情都像一捆捆散草，或者是一堆堆散沙。

3. 舉一個人們相互之間關係的例子。有修養的人互相為對方效力，每個人順理成章的完成於自己有利、於他人有利的事情。而野蠻人呢，他們卻互不需要，無論什麼事情都不會互相協調，而是互相妨礙，處處是混亂不堪的景象。

4. 在有修養的民族那裡，世界一切自然資源都是可以讓人們獲得福利的，他們甚至找到了地下礦藏，包括金屬、寶石和礦物，堪稱寶庫。而在沒有修養的民族那裡，無論什麼東西都會被白白的浪費掉，因為他們不具備征服大自然的本領，沒有汲取大自然的奶汁的能力，甚至不會利用大自然無償的贈送給他們的禮物。他們荒廢了宜人的氣候、肥沃的土地、適合航行的河流等，我們可以在美洲人的身上見到這種現象，他們過著野蠻的生活，像野生動物一樣。

5. 有修養的民族是不會讓一小塊土地荒蕪的，也不會讓任何一點資源浪費。無論是樹木還是枯枝，石頭還是碎塊，即使街上的泥土和沙粒，他們都會收撿起來，合理的利用它們。而在沒有修養的民族那裡，你看，不會培植任何東西，垃圾、泥土、周圍的所有都腐爛、瓦解掉了。

6. 所以，即使是在不毛之地，也就是除了沙土、山岩、沼澤和青苔外一無所有的地方，有修養的民族也會進行辛勤的

耕耘，將不毛之地變成了天堂。而那些沒有修養的民族，即使本來就居住在像天堂一樣的地方，也會讓這裡被垃圾弄得十分骯髒，美景不再。

7. 這就是有修養的民族不僅生活必需品富富有餘，還擁有各式各樣的，甚至可以是富麗堂皇的設備的原因。而那些沒有修養的民族，只有勉強的維持生活，甚至像野獸一樣吃生食。

8. 有修養的民族會關心未來，他們不光為現在準備好了生活必需品，還為可能遭受的意外情況做好了應對的準備，比如荒年、瘟疫、敵人的侵襲等。他們建造了擁有完善設施的糧倉、軍火庫、藥房，用來和災難對抗。而野蠻人毫不關心生活、健康、安全這些問題，他們日復一日、年復一年的過日子，百事不管，因此，無論什麼事情對他們來說都是突如其來的，都會讓他們措手不及。

9. 有修養的人可以透過美觀雅致的衣著將自己的文明才智表現出來，無論是整體還是個人，無論是大人物還是小人物，無論是籍籍無名的還是聞名遐邇的，雖然並不是都很注重自己的衣著打扮，但是他們的衣著至少都是大方整潔的。而那些沒有修養的人，卻是赤身或者半赤身的裸體，破衣爛衫，汙穢不堪。

10. 有修養的人有城市，這裡規模龐大、人口稠密、藝術作品豐富，手工創作十分繁盛。而沒有修養的人沒有城市，有的只是荒地，他們所謂的城市跟陋室沒什麼兩樣。

11. 那些有修養的民族內部有法律鎖鏈相接，擁有自己的領地，這裡面包括城市、村莊還有房屋以及一個個的家庭，

最後是遵紀守法的人民，因此，只要是越軌犯法的人都會受到制裁。而沒有修養或者假裝有修養的民族只會一意孤行，隨意占有別人的領地，他們毫無約束，為所欲為。

12. 所以有修養的民族過著悠閒自在、安寧平靜的生活。而沒有修養的民族生活當中，盜竊、搶劫、暴力隨處可見，因此他們不具備真正的安全，到處都是陰謀和恐懼。

13. 那些真正有修養的人，即使在農民中間生活，也不會被農村那種粗魯放肆的習氣所影響，依然保持著城市才會有的溫文爾雅的性格。而沒有修養的人正相反，身為城市人，性格卻像農村人一樣。

14. 有修養的人，從來都是以禮相待外來的人，他們會溫和的為外來人指路，避免對方有一點點的不快。而野蠻人卻要麼將陌生人支開，要麼自己躲開了，總之就不和陌生人往來。

15. 有修養的民族，對懶漢和健康的乞丐是無法容忍的，他們那裡甚至根本沒有這樣的人，因為每個國家都會為自己的公民提供保障，對生活窮困的公民表示關懷。而野蠻人那裡是懶漢成堆，他們要麼靠著行乞、偷盜和搶劫度日，要麼乾脆過著窮困潦倒、食不果腹的日子，這樣勢必就會出現各式各樣的騷亂現象。想和這種惡勢力作爭鬥，只能使用暴力。所以，持續不斷的苦役、壓制、死刑還有殘酷的處罰也就出現了。

16. 有修養的人，可以在自由科學和藝術中獲得快樂，因此他是想學習自由科學和藝術的，而不會對其中的任何學科持輕視的態度。他們對星星的數量展開計算，對天空、大

地、深淵和未知東西的大小展開測量，因為他們不想在哪個地方，即使是遙遠的地域、水域和空間存在他們不了解的事物。他們還在努力弄清楚時代是怎樣發展的，我們離世界的起源有多遠，我們離世界末日還有多久，他們回憶過去的目的是更好的安排現在，是對未來有利的。而沒有修養的人，不僅這一切他們是不知道的，甚至他們連自己都不了解，他們從哪裡來，將要向何處去，他們以及他們附近都發生了什麼事情，他們從來不會思考這些問題的，因此他們不僅不了解過去，不熟悉現在，對將要面臨的一切，也是一點準備都沒有。

17. 有修養的人痴迷於奧菲斯（Orpheus）的豎琴聲，他們喜歡聆聽神的音樂，是為了可以更好的以大衛和所羅門為楷模，所以時時處處都在傾聽音樂，沉醉在美妙動聽的琴聲裡面。而沒有修養的人對音樂根本一竅不通，你在他們裡面，只能聽到醉鬼刺耳的叫嚷聲或者愚笨跳舞者的瘋狂叫喊聲這樣的聲音。

18. 最後一點，有修養的人相互之間友好相處，充滿了善良、智慧和光明的意願，他們心地純潔，對自己滿意，為自己所擁有的財富而高興。而沒有修養的人則不然，他們內心空虛，只會沉醉於外表，他們追求的是虛無飄渺的幻影，而不是實實在在的東西，因此成為別人嘲弄的對象，他們慢慢憔悴，最終死亡。那就讓他們死去吧，即使他們是不應該這樣活活的、永遠的死去的！如果人們無法和這種稱譽、和這種崇高生活的境界相配，那麼他們最好不要在這個世界誕生。或者再說得準確一點，最好不要作為人在這

個世界生存，而應該去當一種默默無聞的動物，這樣至少要好於那種活在世上，卻一點人類的文化修養沒有、一點真正人性都沒有的人。

最親愛的聽眾們，我相信你們現在已經清楚了，人，或者說有修養的人的含義是怎樣的，以及有修養的人和沒有修養的人之間存在哪些差別。

另外，關於真正的教育，能夠挽救人的教育的問題，我有一點需要補充，那就是，如果沒有教育或培養，即沒有辛勤的教學和關懷，無論是誰，都不會成為有文化的人。所以，我們需要一種讓我們可以經常正確的理解、想像、工作、表達一切的教育；思維、意願、手和語言，只有這四者達到了盡善盡美的程度，我們才可以說是名副其實的人。如果沒有精神教育，你就會看到，人可能生得腰肥體胖、大腹便便，精神上卻很貧乏；雖然身體十分健康，但是心靈無比空虛；雖然皮膚光滑潔淨，但是心地卻無比骯髒。

人這種動物，為什麼應該具備別的動物所沒有具備的條件呢？你看一下，皇冠上或者大公手指上戴的那閃閃發光的寶石。你以為寶石本來就是這樣閃閃發光的嗎？如果你是這樣認為的，那就錯了。寶石本來是不透光、不光滑的也不乾淨的，你都不會將這樣的東西從地上撿起來的。要想讓它閃閃發光，得將其刮平、弄淨、銼齊、精磨、拋光，竭力磨出來光澤，最後再擦亮。即使是那些不光滑的石頭，比如建房、造塔、砌牆、砌圓柱和砌別的類似的建築物所用的石頭也是一樣，得我們自己用手磨出稜角，削平了才可以使用，否則就用不了。我

們生活中離不開的金屬也是一樣，也得把它挖出來，再進行冶煉、弄淨、上色，最後鍛造成各式各樣的形狀，否則我們從金屬那裡獲得的好處，也就和地下的泥土差不多。我們從植物那裡獲得食物、飲料還有藥，但是，要想得到草料和糧食，就得播種、耙地、收割、脫粒最後磨成粉；樹木得栽植、修剪、施肥，果實需要從樹上摘取下來再晒乾等；如果樹木是用來製藥或者作為建材的，那麼需要的工序就更多更複雜了。動物，比如說那些為我們貢獻了自己的生命，或者作為牽引力為我們工作的這些動物，牠們為了保護自己可以說無所不能，然而為了讓牠們為我們工作，如果你沒有對牠們進行訓練，那麼你一定會一無所獲。你看：馬用來打仗，公牛用來耕地，驢用來馱載，狗用來守門和打獵，鷹和鶻用來捕鳥等；但是如果你沒有訓練牠們做自己的事，牠們就什麼用都沒有。人也是一樣，人的身體是用來勞動，但我們發現，人除了純粹的能力外，沒有什麼是與生俱來的。人想必是一點點才學會坐、站、走路這些的，即使是吃和喝，人如果不學，也是不會的。我們的思維、我們的意願、我們的手還有我們的語言，沒經過訓練就能夠完美的完成自己的職責，什麼地方能有這樣的好事？這樣的想法簡直是荒謬的，因為任何動物都得遵守一個規律：要從一無所知開始，不管是因為自己的本性還是外來的影響，都要經歷一個漸漸提升、完善的過程。

　　所以，要想讓天生的人學會像人一樣的行動，就得讓人將所有的才能充分的發揮出來。但是，有些人的才能一定要首先發展，他們可以說是別的人行動的鏡子、典範和支柱，也就是

說，他們受命對人類社會的某個部分進行管理，也就是家庭、學校、城市還有王國。但是，那些不受管轄的人應當受教育，好讓他們理性的遵守秩序。那些無能的人應當受教育，好讓他們也帶來一點點好處，哪怕是透過手工勞動也行；那些才華橫溢的人應當受教育，避免他們利用自己的聰明才智去為非作歹，最終自我毀滅。那些具有優良稟性的人需要教育，是為了不讓他自己墮落；那些墮落的人需要教育，是想要完善自己天性的不足，因此，蘇格拉底承認，教育是可以將墮落的、偏愛惡習的天性改變的。總而言之，即使是肥沃的田野，也需要勤勞的耕耘，才能夠變成天堂，如果袖手旁觀，那麼只能變成荒野，蕁麻、荊棘叢生、爬蟲滿地。才能也是一樣，也是需要辛勤的培養；如果對此完全漠不關心，只能將我們自己貶降為牲畜，而和自己的原型完全不像了，甚至都有黜降為最骯髒的靈魂的可能。因此，我們應該追求的崇高目標，就是完善自己的天賦才能。

有人現在可能會問：是不是可以讓某個人大體上接受天賦才能的培養，如果這個人教育水準不高，怎樣才能讓他養成培養天賦才能的習慣？不過在我看來這個問題沒有必要問，雖然不是每個人都接受了完善的培養，然而還是有很多民族都卓越的培養了天賦才能，這個事實就是天賦才能是可以培養的一項明證。顯然，只要堅持不懈、踏踏實實的對天賦才能進行培養，成為一個學識淵博的人是完全有可能的，並且不會有什麼困難，這是在讓某個事情按照它本來的趨勢發展，可能性很大，只要將障礙消除，讓天賦能力得到合情合理的發展。為了

第六章　論天賦才能的培養

讓鳥一定成為鳥，馬一定成為馬，水一定成為水，石頭一定成為石頭（也就是說，為了讓鳥兒能夠飛翔，馬兒能夠奔跑，水兒能夠奔流，石頭能夠按照你的意願安放），至少並不要有什麼特殊的技巧，只要你明白怎樣讓天賦才能合情合理的發展，為了人一定成為人，也不要有什麼特殊的技巧，因為每個人的天性都是相同的。你了解了一個人，就等於了解了所有的人；如果你有讓一個人成為有文化的人的本領，你就有了讓所有的人都成為有文化的人的本領。有很多人甚至都沒有別人對他們進行過指導，只是在慷慨的天性提示下，就自己發現了老師、學生、學術、學習的方式或方法。那些自學成才的人我是理解的，並沒有別人指導他們，他們就成為誠實正直、學識淵博、精明能幹、善於辭令的人。當然並不是每個人都有這麼好的運氣，有很多人命中注定就是才疏學淺的人，但是就像賀拉斯所言：

> 只要願意耐心的傾聽學術的建議，
> 那麼除非是那種脾氣暴躁的人，
> 沒有誰會這樣的粗魯無知。

奧維德也說過：一種高雅的藝術作品其實可以讓人的脾氣溫和，而沒有那麼粗魯。

確實，人不管生下來是什麼樣子，他到底還是人，就像亞歷山大城的克萊曼特（Clement of Alexandria）說的那樣，是「生機盎然的田野」，因此希波克拉底（Hippocrates）對此補充道：「種子在土地裡發揮的作用，和知識在人的精神中發

揮的作用相同。」只要我們進行勤勞的耕耘，土地就會接種、收穫；一樣的道理，我們只要辛勤的培養自己的才能，廣泛的接受大家的幫助，就可以「開花結果」。下面我將和你們說人可以得到普遍的發展的七個條件，相信你們這下就會豁然開朗了，知道我原來是在教給你們做各方面最美好也是最好完成的事情。

　　第一個條件是為了奠定天賦才能可以順利發展的基礎，父母應該努力關心自己的孩子們，避免對他們的生活、健康、感覺和性格有危害的事情發生。這個問題可以談的內容很多，不過並不合適在這裡談。那是在 18 年前，我寫了一部關於這個問題的專著，名字是《母育學校》，有德文和波蘭文的譯本。這本書的內容是：對孩子，父母應該承擔怎樣的責任和義務。當母親受孕懷著孩子的時候，當孩子誕生在這個世界的時候，當孩子處在最嬌嫩也是對特別的愛護最為需要的年齡時，父母首先要做到的一點的是，不要因為自己的疏忽大意而對孩子有所傷害，或者說不要讓嬌生慣養而毀掉孩子，嬌生慣養和殘暴的行為可以說後果是一樣的。給予孩子誠心誠意的關心，是真正培養孩子的重點，也是社會維持安寧的重要基礎。

　　第二個條件在於家庭教師，父母將自己的孩子委託給他們，是讓他們為孩子微弱但在持續發展的才能灌輸進去積極的事物，樹立優秀的榜樣，為他們指出各種理智行為還有優秀言語典範的樣子。這項工作如果可以順利進行，益處將會很大，因為第一個年齡期的孩子可塑性極強，像蠟一樣，他們很像猴子，無論看見什麼都要模仿，無論是好的還是壞的。有一句至

理名言是這樣說的：這一生，我們都會保持少年時代形成的樣子。這就是這句格言無比正確的原因。

第三個條件是社會學校，它們彷彿社會的慈善機構。在學校這裡，可靠的、社會威望較高的教師們清楚明晰的將孩子們必須信仰、必須知道、必須表達還有必須從事的內容講授給他們；在這裡，教師們在贏得尊敬的所有方面進行著堅持不懈的努力，培育和提高孩子們熱愛科學、智慧、道德以及口才。如果教師是本學科實際工作的權威，什麼應該做、什麼不應該做，他們彷彿就是活百科和活例子，那麼他們的教學任務就可以順利完成，因此，對他們進行模仿是容易又可靠的辦法。如果在前面走的人方向是正確的，那麼跟在後邊走無疑也是會正確的，「統帥怎樣，士兵也是怎樣」。在安排合理的學校裡接受教育的人，是最幸福的！

第四個普及教育的條件，是校內和校外向學生提供優秀的書籍，學生可以透過這些書籍對事物有更加廣泛的了解，了解各式各樣的道德，培育自己滔滔不絕的口才，提高自己的能力。在我看來，優秀的書籍，擁有豐富的內容、充滿智慧的書籍，真的可以成為讓才能露出鋒芒的磨刀石，讓智慧銳利的三角銼，讓眼睛明亮的眼膏、注入智慧的漏斗、反映他人思想和行動的鏡子、我們採取行動的指南針。每個民族的光輝，都是存在於所有人民群眾當中的，只要他有豐富的文化書籍讓其更加充實。這一點我必須要再強調一遍，每個民族的光輝都是存在於所有人民群眾當中的，只要他有豐富的文化書籍讓其更加充實。

　　第五個才能發展的條件，是經常和那些學識淵博、活動力強而又擅長言辭的大人物們交流，其中包括那些祕密的、不過對我們的改造具有積極作用的交流。這是因為坦誠的說，走在太陽光下的人，早晚會被晒得暖烘烘的，即使他走路的目的並不是讓自己暖起來，而且只要持續的散步，他的皮膚就會被晒得黑黝黝的；人也是一樣，他和別人互動 —— 無論對方是善良的還是凶狠的，是有文化的還是無知的，是聰明的還是愚蠢的，哪怕是無意識間的交流，也一定會將對方某種才能和習慣吸收進來。所以，既然我們願意傳授給這個民族文化，那麼我們就應該努力，讓這個民族的年輕人遠離那些不夠健康的交情，讓他們的互動對象漸漸的都是學識淵博、誠實正直、努力工作的人，這樣做，年輕人的才能沒有得到完善是不可能發生的事情。有很多國王和先輩，都是懷著這個目的，在各個的民族裡發掘所需要的人，他們或者從別的國家請聰慧的大人物們來對年輕人進行教育，或者將年輕人派出去拜訪他們，讓年輕人和他們生活在一起，不是短暫的幾天或幾月，而是長年累月的生活在一起，讓他們的才能得到完善。

　　第六個條件，光和聰明人往來還遠遠不夠，還應該養成在勞動中度過一生的習慣；年輕人應該堅持，要在實踐活動中鍛鍊自己；只要掌握了合適的技能，他們就可以在未來成長為大師。的確，如果沒有經常犯錯、意識到錯誤和改正錯誤這個經驗，任何人都學不會如何避免犯錯；如果技藝得不到鍛鍊，任何人都不會成為大師。正是在堅持對經驗進行實踐培養的學校裡，漢尼拔（Hannibal）從小就學到了軍事方面的知識，所以

還是個小孩的他就跟著父親來到了兵營，戎馬一生。亞歷山大大帝還有別的那些在實踐經驗中成長起來的古代英雄都是這樣的。這裡為什麼要追憶古人呢？因為，現在有些人對威尼斯人和荷蘭人的智慧進行了過分的誇耀，實際上他們之所以有幸福的生活，不是因為別的原因，只是因為他們已經養成了讓自己的後代從小就在勞動生活和社會活動中獲得鍛鍊的習慣。在他們那裡，即使是貴族、男爵、伯爵或者樞密官的兒子，哪怕是首領的兒子，也一定要和普通人民一道為國家效力後，才逐漸的被允許享有來自家族的榮耀地位，一定要有上述的經歷，才可以從最低的職位逐漸提升，直到最高的職位。這樣大家都成長為機智靈活、無所不能的人，而不允許有人成為無所事事的人，對社會毫無益處，徒增負擔。

　　第七個促進社會培養天賦才能的條件，是來自英明的執政者們的、虔誠熱心的關懷，這可以讓他們的下屬不會缺乏學校，學校不會缺乏教師，教師不會缺乏學生，學生不會缺乏書本和別的必需品，讓大家都不缺乏社會的和平與安寧。羅馬最慷慨的皇帝安東尼·派厄斯（Antoninus Pius），還在每個省區（最偏遠的省區也是這樣）為藝術家們的薪水專門做了規定。我們讀一下查理大帝這段故事：有一天，蘇格蘭的兩名哲學家前往拜訪高盧國王推崇的查理大帝，被問道有何貴幹，他們的回答是他們為新國王帶來了一件新的禮物 —— 智慧。查理大帝問，這智慧是什麼樣的呢？他們的回答帶著哲學家的坦率，他們聽說查理大帝的王國當中，學校衰敗，沒有人關心科學，因此他們是前來建議創辦學校的。他們的建議獲得了查理

大帝的採納，巴黎宮廷學校由此創辦，此後還建立了不少別的學校。就這樣，高盧民族的文化開始在最有文化的歐洲民族中間放射光芒。

　　親愛的聽眾們，只要人們願意自己為理智所支配，你們就可以看到，完善和普及培養天賦才能對所有民族，哪怕是最野蠻的民族，也都是切實可行的。但是，現在有一個和我的人民和你們人民相關的問題：他們是不是有獲得某種完善教育的需求？如果是，那麼又該怎樣獲得呢？之所以會有這種疑問，是因為人天生的自以為是、孤芳自賞，無法看見自己的不足。我們也一樣是人，也可能具有人的缺點。雖然大家都相信，有的民族根本沒有對天賦才能進行培養；有的民族缺乏對天賦才能進行培養的能力，因此，他們的培養工作是次一級的任務；有的民族雖然對天賦才能進行了培養，但是是歪曲的培養，因為他們培養的目標是追求世俗的漂亮外表；雖然有的地方趨向對天賦才能進行完善的培養，但是培養得又不夠廣泛和熱烈，這些自滿自足的民族對自己的習慣和性格已經很滿意了，因此，沒有幾個人承認這些不足是存在的。當然，絕大部分都是自我陶醉，喜愛上了自己的缺點；我們對此也應當小心，避免孤芳自賞。這就是為什麼應該講一講這個問題。不過我講得很簡短也很委婉，因為沒人會喜歡別人直言不諱的指出他的缺點。

　　至於說到我們，我們匈牙利人和摩拉維亞人，我坦誠的說，我的民族和你們民族在文化水準上，還處於不高的階段。所以，和歐洲那些最有文化的民族相比，我們沒有一點特別閃光的智慧，所以親愛的鄰居 —— 匈牙利人民，對鄰邦的愛戴

第六章　論天賦才能的培養

讓我來到了你們的國家，主要原因是我對你們擁有特別的信任，你們可以努力，進一步了解自己優點和缺點分別是什麼，從而揚長避短。你們已經完全忽視對人民的天賦才能的培養了？對此我並不相信，不過你們的培養離完善還有一段距離。為了讓你們可以承認這個事實（如果你們現在還不承認），我冒昧的將你們的培養才能，和你們的耕耘土地進行了比較。至於說後者，大量的糧食、酒還有牲畜都是你們耕耘了土地的證明，不過直到現在，你們這裡還存在一片片的荒地或者半荒地，剩下的土地也都是粗放式的耕作，這些又是你們沒有全力以赴、勤勞耕耘的證明。這就是為什麼你們生產出來的生活必需品（還談不上奢侈品），沒有富饒的國家那樣豐富多樣。你們的樓房、服裝還有家什，都沒有別的國家那樣充足和漂亮；你們也沒有其他國家那樣人口稠密的村莊和城市；另外，你們還沒有自己勞動開採你們的寶藏 —— 金屬和寶石，而讓別人去挖掘它們，從而發財致富。一句話，如果你們合理的開發利用了你們國家所有的土地，那麼這麼幸福安寧的國家可以養活的人口數量，將是它目前所養活的兩倍甚至三倍。如果你們找到了自己的寶藏，又對其進行了合理的利用，那麼，你們可以獲得的歡樂和幸福，差不多是現在所擁有的十倍之多。每個農民都能夠過上貴族的生活，而每個貴族都能夠過上公爵一樣富有、滿足的生活。同樣，眼前的事實足以證明，你們是擁有一部分培養天賦才能的條件的。學校你們有的，而學校裡的教師和學生也不少，學校培養出的掌握了拉丁語的學生也有很多，斯圖謨（Sturm）有一句名言：「有這樣一個民族，在它的

土地上，不管你走到什麼地方，都可以遇到一個會說拉丁語的人，他可以為你這樣的徒步旅行者指明方向。」沒有哪個民族，甚至是那些有文化的民族都算上，要比你們更適合他的這句名言了。你們現在的地位根本沒有多麼低賤，你們已經把斯基福人的粗魯野蠻的惡習都摒棄了。不過我又不得不根據實際情況而要承認一點，你們的精神教育還沒有達到巔峰，現在是停在了半路上。這一點，可以在你們學校所教的拉丁語語音生硬、詞彙貧乏、內容脫節得到證明；可以從學校裡取消對高雅的藝術作品的學習得到證明；可以在學校裡禁止開設高等知識課程 —— 醫學和法學，禁止開設最高等的知識課程 —— 哲學和神學得到證明；另外，你們城市裡缺乏各式各樣的手工藝和手工藝者，也同樣是證明；那些無知的人們，依然還是那樣的性格粗魯野蠻，外表欠缺文雅，還有⋯⋯可以得到證明的地方還少嗎？我認為，現在還去找證明是沒有任何的必要的，因為我清楚，你們之中一部分知書達理的人，現在已經覺察到了這一點，並且已經在努力探求改善教育的機會。親愛的朋友們，努力吧，你們的努力必然收到成效，因為，我覺得，只要你們，我的匈牙利人民，充分發揮自己的才能，你們的智慧就不會輸於歐洲任何三個民族，我對此是堅信不疑的，要明白知道你們的自然環境，包括天空、大地這些，都沒有對你們構成妨礙，相反，你們無論是身體還是精神，在自己國家裡都是自由的。我已經聽說了，有人覺得你們的才能過於野蠻粗魯了，可能你們自己也是這麼想的。假設真的是這樣的，但是這樣的情況就可以構成你們學習智慧的障礙嗎？就像土地在乾旱的夏季

第六章　論天賦才能的培養

變硬，或者在潮溼的時令變黏，能構成人們耕種土地的障礙一樣，都是比較少見的現象。即使每一寸土地都是黏的，那麼耕地無疑是非常的艱苦，需要非常多的牲畜。但是，土地總是為這些艱苦的勞動準備優厚的犒勞 —— 高品質的豐收！就是這樣判斷你們的精神才能。

親愛的鄰居們，我說這些，並不是為了展示我的口才，而是為了激勵你們，讓你們可以意識到自己的優點，糾正自己不足的地方，從而可以實現盡善盡美。我並沒有取悅於你們的打算，我想的是要努力影響你們的靈魂。我請你們證實這樣一點，你們的疆土內擁有遼闊的平原，但是平原上的水卻因為長時間的靜止而腐壞，一片片沼澤就此形成，另外疆土內還有崇山峻嶺，以及豐富的灌溉水源。在我看來，你們應該證實這樣一點：在你們的家園，可以發現的不僅是水源，還可以是精神才能之源；你們不僅擁有埋藏在地下的金礦，還擁有靈魂的智慧之礦。為了成為完美的人的你們，就應該勇敢的將粗魯野蠻的惡習除掉，如果身上還殘留著的話。為了讓你們確信，我下面讀一下我的另一本書《語學入門》裡第 25 章第 9 節的內容，這些內容是非常適合現在的主題的。「根據記載，希臘是一個小國，這裡的居民為了獲得糊口的口糧，就從列斯伏斯島（獲得豐收的島嶼）和埃羅佐市那裡運來了糧食，但是其實他們自己只要付出辛勤的勞動，就可以在自己的田野上收穫更多的糧食。假如真的是這樣，那真的是貽笑大方！但是有一點是確信無疑的，那就是和這種行為類似的、危害甚至更大的懶惰行為已經控制了一些學者。我們向另一個民族和另一個世紀召喚某

種才能，以便它鄭重的對我們說出它的預言。即使我們在自己的家園培養了才能，我們當中，也只有很少的一部分人可以做到自力更生、豐衣足食，大部分還是在靠著行乞度日，我直言不諱的說，這會帶來個人和社會的恥辱和損害。類似情況我們發現得少，這是因為我們的乞丐少。」

「不是所有人都是萬能的，不是所有土地都是萬生的，」這樣的辯解是沒用的。要清楚，每片土地總是可以長出某種東西的；只要得到了開發，每種才能都是能夠發現自己的血管的。柏拉圖曾經在他的論著《理想國》裡這樣說：「任何人都應向當局證明，他在自己的家園裡辛勤的勞動，就是為了挖掘水井，他付出了很多的時間體力還有費用，但是最終卻沒有成功，在這一事實得到證明之前，應該禁止他從別人的水井裡汲水。」英明的所羅門也說過類似的話：「你要喝水，就喝自己池中的水、自己井裡的活水。」

這些我引用自另一本書的思想，對現在的目的應該很適用。我請求你們，我的族人和同一個部族的人們：匈牙利人、摩拉維亞人、捷克人、波蘭人還有斯拉沃尼亞人，以此為鑑吧！難道我們也將像這些人這樣，只能在別人那裡得到水和糧食嗎？只要他們願意自己付出勞動，去開墾農田、挖掘水井，就一定可以在自己的家園得到糧食和水。如果打算等著別人來創辦學校、出版書籍和發揮才能，就靠著這個來緩解我們的飢渴，那我們得等到什麼時候？我們為什麼耕耘自己的家園裡的精神田野呢？我們為什麼堅持勤勞的耕耘、精心的灌溉呢？為什麼不耙農田，不將莊稼種滿呢？總而言之，我們為什麼不準

備在自己的家園裡獲得豐收呢？我們為什麼要東跑西顛、四處流浪，去撿別人的麥穗，像個乞丐似的呢？我明白，窮困潦倒的人是可以這樣做的。但是在英明之子看來，行乞是如此的可恥，照他說的：「寧可死去，也不行乞。」我們要麼永遠都像一個健康的乞丐那樣，央求別的民族將各式各樣的文章、書籍、演講稿、訊息和摘錄等賜給我們，要麼就和那些弄虛作假的管家一起，日復一日的重複著一種腔調：「鋤地呢，沒有力氣。討飯呢，怕羞。」而從來沒有另一種調子，寧可去別人的桌上和書裡剽竊，也不願意在自己的家園準備好滿滿的幾大桶油和幾斗的麥子。為什麼我們總是只在別人的水井裡尋找快樂呢？為什麼我們不去開發屬於我們自己的泉源呢？懶漢，你不能向我們表示，你沒有為自己開發水源的能力！

親愛的匈牙利人民，在我發現你們對自己的民族有進一步的了解的渴望後，我對你們，又產生了一些希望。如果每個人或者民族全體都熱愛智慧、渴望學習，那麼我們同樣對即將出現生氣勃勃的學習氣氛有充足的信心，智慧的大豐收即將到來。親愛的匈牙利人民，千萬不要將你所從事的事業放棄！如果你採取下列八項對教育的普及有利的措施，你完全可以讓自己成為一個卓有文化的人：

1. 如果你建議自己的公民關心一下《母育學校》（翻譯成你們國語的）這本書，讓他們照著書的指示去做。

2. 如果你建議父母們（特別是那些顯貴富有、自己沒有時間對孩子精心培養的父母）聘請家庭教師，要注意一點，只有那些視野開闊的人才可以當指導孩子的老師。

3. 如果你要廣開學校，那麼要在學校裡推行正確的教學方法，並僱用聰慧的、精通這些方法的教師，這樣的學校才能夠成為真正的慈善機構。

4. 如果你要為本國提供內容豐富、引人入勝、飽含智慧、值得學習的書籍，就不要只提供拉丁語的書籍，還要提供本國語言的，這可以讓你的同胞不會在肉體和無所事事中沉迷滿足，而是愛上並開始學習科學和藝術。

5. 如果你出於學術交流的目的，或者邀請其他國家那些著名的、聰慧的、才華橫溢的大師們到本國來，或者派人出國學習，讓他們將發現的卓越美好、精美雅致的東西移植回國，並加以發展完善的任務，還要把在本國將他們卓有成效的研究成果傳播出去作為他們的義務，而不是一回國，就重新適應了那些粗魯野蠻、沒有文化的人們的性格（現在大多數出國學習的人都是這樣的），從而一切照舊，停止不前，這樣出國學習也就失去了意義。

6. 你可以努力讓人民（主要是指學校內外的年輕人們）不再懶散，不再無所事事，而去做些有意義的事情，從而讓全國上下就好像一個忙碌的養蜂場或螞蟻窩，舉國都無法看到一點遊手好閒的行為。

7. 努力讓那些擁有顯赫地位的人，包括世襲貴族、達官貴人、富豪們，對他們治下的平民百姓的態度稍稍溫和一點，一點點的吸引他們從事那些有意義的事情；如果沒有像對待牲畜一樣對待被統治的人民，而是將這些未來生活的參與者當作和自己一樣的人，多多關心一下他們靈魂和身體、性格還有生活方式的完善問題。

8. 希望應該從事這項事業的人，都會義不容辭的履行自己的任務！特別是那些人民的公爵們和兩個主導階層的代表們，無論是鼓勵、執行還是推廣這項神聖的事業，他們都是最有能力的。要是他們的耳畔迴盪著西塞羅的金玉良言該有多好啊：「我們可以將無窮無盡的聰明才智貢獻給國家，怎麼就不能將培養和教育年輕人的才智貢獻出來呢？特別是在現在這個時代的風俗下，他們已經徹底垮掉了，想挽救他們，只有利用共同的力量。」柏拉圖也說過：「只有治國國家的人都是學識淵博的人，或者國家的執政者都在努力成為學識淵博、才華橫溢的人，國家才有繁榮昌盛的可能。」然而，現在知道這句格言的人，要遠遠多於履行這句格言的人。

當時，我們也還有一些情況，可能對我們實現願望構成障礙，它們有可能破壞或者削弱我們的願望。但是，如果我們的意志做到了堅定不移，那麼一切問題都可以迎刃而解。看來，這首先可能會對事情本身發展的廣度構成嚴重的破壞，因為修復一件被破壞的東西的難度要遠高於創建一件新東西，每個聰明人都明白都不可能是懶惰的成果，而是對勞動的獎勵。這樣說來，只要是可以戰勝的困難，那就讓它困難重重吧，我們會迎難而上！我們對光明的目標的熱愛和意識，會為我們戰勝困難提供幫助。對於打算做一番**轟轟**烈烈事業的人而言，困難又算得了什麼不幸呢？和拖延從事這麼光榮的事業相比，我寧可選擇在奮鬥中去遭受一千次的失敗。我們一定避免抱有成見，要清楚，無論什麼問題，都可能沒有考慮得十分周密，從而也就有了被人曲解的地方，因為這些人判斷事物，根據的不是合

情合理的論據，而是先例和習慣。在他們看來，只有按照習慣去做，才有可能正確，即使是將習慣進行最小程度的改變，也就此成為了新的事物，就會是毫無結果的。無知的人滿意於自己的無知，有惡習的人則喜歡親近惡習，他對消除惡習是害怕的，因為惡習就是他的外觀。你能否讓別人學習一些和他們的不一樣的東西呢？或者按照和習慣不一樣的方式學習呢？懶惰人會感覺好像他被人帶進了另一個世界，他害怕自己會在神祕未知的道路上被海浪吞沒。「懶惰人會說，外面有獅子，我在街上，就一定會被殺死。」然而我要勸告你們，不要有這樣的虛驚，我可以舉出切身的例子證明，跟他學一點根據都沒有。人的精神從來不會強迫自己去做這樣艱難的事情，只要對道德保持虔誠的信仰，人的精神將是百戰百勝的。

也應當對居心叵測之人的仇恨多加提防，如果他們自己是一事無成的，他們就會絞盡腦汁的懷疑甚至妨礙新生事物。至於嫉妒，至少我學會了不嫉妒每一個人，無論他來自哪個階層、哪個民族，不管他是學問上出人頭地的人，還是道德上出類拔萃的人，或者是口才上卓越絕倫的人，我都不會嫉妒他們。如果有人想嫉妒我（我自己是個微不足道的人，也不會做什麼驚天動地的事），如果在我力所能及的範圍，我會盡量避免遭到別人的嫉妒，但是如果不是我，那證明我不過是一個非常普通的人。想要阻礙對新生事物追求的人，就會將自己的考慮不周暴露出來。這是因為新生事物並不是老舊的、一成不變的思想的產物。

就在這裡，就在現在，自主獨立的開啟這項事業吧──

在你們的學校裡開始改革！雷科克齊的阿特涅烏姆學校要首先進行改革，讓它成為其他學校的榜樣，它彷彿是真正的才能磨刀石，真正的智慧之源，真正的慈善機構，真正的語言實驗室。如果野蠻行為還有殘留，那就在將這部分殘餘消滅之後。

　　一方面是因為賜予這個國家的「和平鴿」請你們盡快的展開學校的改革，另一方面是因為其他的民族所存在的野蠻行為──包括這樣一種野蠻行為：有些民族自以為非常文明，然後就歧視別的民族──也請你們盡快的展開學校的改革，我所說的野蠻行為，指的是現在還在西班牙、義大利、高盧、英格蘭、蘇格蘭等地進行的戰爭，戰爭中的人們互相傷害、殘殺、推翻，野蠻而又殘酷。為了讓我們的同胞們遠離這類的殘暴行為，讓他們學會溫和待人，我們努力的向其表達，對於那些高尚的、理解科學和藝術的民族來說，很多其他的性格才是適合的。我們目睹的那些眾多民族的混亂狀態，與其說那是一種騷亂，不如說是一所鍛鍊人的才能、糾正墮落、蛻化的人的才能的學校，別人也許還不知道這個奧祕，那麼我們現在已經知道了，就應該去證明這個說法是正確的。而為了別人能夠理解這個道理，我們就應該創建符合改革標準的學校，樹立大舉革新的榜樣，以便別的願意跟進的人學習。如果其他撤出戰爭、需要休整的民族（我指的就是德國人），在休整的這段時間裡開始著手恢復那些遭遇破壞的慈善機構，既然他們已經開始著手，那麼我們有了榜樣的鼓舞，也應該去從事一樣的事情，這樣可以彼此之間迸發火花，將共同事業的火炬點燃。目前，恩賜給我們的有利條件，對我們的行動更是一種鼓舞，要

知道，那些獲得了精神鼓舞的、無上光榮的大公們，已經準備在自己的呂刻昂使用最優秀的方法，全力以赴的開始所開創的事業。我們沒有創造一些於我們事業有利條件的權利，我們只能自作主張的不利用現有的這些條件，不過如果我們將有利的條件錯過了，那我們一定會贖雙倍的罪過，一半是因為忘恩負義，一半是因為懶惰。

但是，這些美好的願望為什麼正好需要在這個地方，在這座城市和這所學校裡變成現實呢？我應該簡單的說明一下這個問題。第一，先輩們的誠摯努力，正是在這個地方奠定的這所民族學校基礎，而我們的大公們十分慷慨大方，他們用剛剛發現的捐款（人們前不久在已故的、永垂不朽的大公和他的遺孀的棺木中發現了贈款）讓這所學校更加穩定了，他們還準備進一步增加捐款，大力發展這所學校。當然，按照實際需求，在已有的樓房周圍再添建一些樓房，要比蓋新樓更加容易。第二，今年是一個紀念年 —— 你們這所學校建校 100 週年，時間這一具有決定性意義的力量（如果存在這種力量）讓我們不得不等待，或者更準確的說，迫使我們就這所學校的前景是光明的還是黑暗的進行判斷。你們的通曉事理決定了這所學校的光明未來，這才是你們將要關心的。第三，因為全匈牙利都對這所派特克學校非常尊重，他們選任其他學校的校長，都喜歡到這所學校中來挑選人才，因為在這所學校裡，這些才能的耕耘者們獲得了最好的自我完善的方法，他們不光明白該怎樣領導學校，還知道怎樣為學校帶來好處。在我看來，這裡就是天堂，預言家的後代們有了帶領，從各個地方聚集到一起，擁有

了自己的聚會。第四，這個地方風景秀麗，生活必需品十分豐富。這個城市的名字本身就是一個很好的兆頭，因為在所有斯拉夫人的語言裡「派特克」一詞都是「河流」的意思，帶有源源不斷的含義。的確，美麗的博多羅克河水量充足，魚類繁盛；附近的山巒盛產優質酒，田野牲畜成群，果實豐碩；森林當中有各種飛禽走獸。所以我們覺得，對繆斯們來說，這裡就是最適合她們的地方了，由她們培養出來的人，將成批的在這裡聚集。但是因為由於骯髒和泥濘，這裡也獲得了一個「沙羅斯——派特克（泥濘的派特克）」的稱呼，不過我們不用為此感到難為情。高水準的文化教育一定可以將一片片沼澤清除，到了那時（如果我們的預言正確），我們的後代（我們如果沒能親眼目睹）將在這裡看見的，不再是遍布沼澤的平原，而是寬敞漂亮的石頭馬路，看見的建築不再是木頭的，而是石頭的，因此統治這裡的人可以像當年的凱撒·奧古斯都[19]那樣理直氣壯的宣布：「當我來到羅馬時，這裡有的只是一些磚塊，但是我現在留下的，卻是一座大理石的城市。」

既然宮廷已經在這裡落成，那就再沒有認為這個不合適的理由了。的確，詩人們（遠古時代智慧的代表者們）有充足的理由相信，繆斯們不習慣住在城市和皇帝的宮殿裡，而習慣住

---

19 凱撒·奧古斯都（Imperator Caesar Divi filius Augustus，西元前 63～14 年），原名蓋烏斯·屋大維·圖里努斯（Gaius Octavius Thurinus），羅馬帝國的開國君主。歷史學家通常以他的頭銜「奧古斯都」（神聖、至尊的意思）來稱呼他，這個稱號是他在西元前 27 年獲得的，當時他年僅 36 歲。西元 14 年 8 月，在他去世後，羅馬元老院決定將他列入「神」的行列，並將 8 月稱為「奧古斯都」月，這也是歐洲語言中 8 月的來源。

在在人跡罕至的地方，或者是高不可攀的帕爾納索斯山和蓋利昆山上。據奧維德說：「編歌者深居簡出，尋求安寧。」賀拉斯也說過：「所有著書立說的人都遠離城市，熱愛大森林。」

所以，柏拉圖學園、亞里斯多德學園（呂刻昂）還有古人的那些高等學府，基本都在城外。不過我們知道，博才多藝的女神們（繆斯們）最近都搬回了城市的最中心，只要不讓她們離周圍的人民太遠，只要讓她們不會為市場的喧鬧和宮廷的忙碌所打擾，在我們這個時代，她們是願意住在人口稠密的城市裡的。我們的先輩們也這樣把我們安排在這裡生活，他們在這方面顯示出了自己的理智。

為什麼正好是我們出席會議、相互見面和交談的這些人，開始著手對這所學校的課程進行改革（請你們允許我將自己也包括在內，因為你們選擇、邀請我到你們這裡來，目的就是一起從事這項事業），那我只好講一講這個問題了。這個問題回答起來，並不用大量的論據，有一個就夠，那就是：我們自己是願意從事這項事業的，我們擔負著將這項事業完成的重任。在和飢餓作爭鬥時，約瑟建議建造糧倉並選一個人做糧倉總管，法老和他說：「糧倉的總管就是你，因為這個建議是你想到並提出來的。」而希臘有人誇耀某種舞蹈，他的這番宣揚讓整個羅德島都流行起這種舞蹈，他的回答卻是：「因為這裡是羅德島，那就在這裡跳吧！」所以，「因為這裡是羅德島，那就在這裡跳吧！」「因為這裡是埃及，因此，就在這裡準備將精神飢餓的糧倉徹底消滅吧！」同樣這些言語也一定和你們勸導無上崇高的大公們對這所學校進行改革有關；一定和你們堅定

不移的證明邀請經驗豐富的教師、開設學生公共食堂、創辦印刷廠是有必要的有關；此外，還一定和你們在這裡聚會、參與這項事業有關。

　　至於說我，我可以向你們保證，我已準備好了，準備承擔這項你們要求的、朋友們建議的、讓我承擔的重擔，你們對此自然深信不疑。只要你們需要，我可以作為你們的榜樣，因為，我們可以在你們的事業中發現某種美好的東西。我記得，我是出於某種目的而應邀來到這裡的，所以我一定竭盡全力，將自己的事業完成。第一，我會盡可能的和你們愉快地交流，讓你們和你們的同胞們更加喜歡社會科學，更加熱心的學習社會科學。第二，關於編撰教學法的書籍這件事，我會盡全力幫助你們，它們是你們才能鍛鍊的磨刀石，是你們對事物進行精確判斷的三角銼，是你們學習拉丁語和本國語的指南針。第三，我會努力用實例和持續的練習，讓學習的年輕人們理解這些書籍的使用方法。另外，在你們的幫助下，我還努力保證對全匈牙利的學校（不僅是這所學校，還可以是別的正統學校）全面進行改革的可能性進行研究。之所以我要有你們的幫助，是因為我本人已是一個 60 歲的老翁，這樣的重擔已經是我無法獨力承擔的了，即使力所能及，我，一個外國人，想擔負這個重任，也無法是自由自在的，因為這會招致妒忌。如果有這個需求，我們，即使是一個外國人，即使是一個衰弱的老翁，也一樣能夠提出友好的建議，但是，任何一個勤勞的人或者民族，都應該對自己個人的利益表示關注。

　　所以，我將要將你們，也已經將你們，這所著名學校的無

上光榮的教授和教師們，視為完成這項事業的顧問、親密的同盟者還有朋友，要一起努力的朋友。我請求大家，一起攜起雙手，將我們的心相連！虔誠的皇帝，即使沒有獲得應該有的幫助，也不會就此放棄那些真誠的追求和努力。我現在要向你們，加入了反對野蠻行為的組織、勠力同心的學習者隊伍表示敬意！我不是在向我未來的學生表示敬意，而是在向追求真理和光明的同學表示敬意，我可以學習那些羅馬統帥的做法，為了激勵戰士們的士氣，他們沒有像平常一樣以戰士而是以戰友相稱，他們和戰士們一起研究作戰計畫，就好像在和同盟者研究一樣，他們就這樣憑藉自己仁愛的態度，將戰士們的心緊緊的連在一起，立下了卓越的功勳。請允許我再引用一下腓力・墨蘭頓（Philipp Melanchthon）用的美妙稱呼，這是我突然想起來的：有一天，他去了一所普通小學，脫帽向正在學習中的少年們致敬，他的話是這樣的：「學士、碩士、博士、律師、執政官、樞密官、辦事員、書記員先生們，你們好！」當有些聽眾以為他在開玩笑時，他反駁道：「我剛才的話並不是開玩笑，我的演講是十分嚴肅的，因為在我們死以後，我們國家、學校的希望，就都落在那些大師的身上了。而那些大師如果不是誕生在這個學習集體當中，那麼又能是在哪裡誕生的呢？」所以，我親愛的學生們，我誠摯的將這些希望寄託在你們身上了，為了它們，我也認真、嚴肅的向你們，這些大名鼎鼎的校長們、令人肅然起敬的領主們和法官們、品德高尚的皇室侍從長們、書記員和辦事員們致敬，也向致力於在這個民族傳播光明的人們，努力的清除野蠻、騷亂等行為的人們致敬，我會持

之以恆的將一些思想和行為教給你們，它們一定會讓你們成為自己所希望的人。

現在或者將來定居在這裡的後裔們，你們可以說是國家的希望，貴族的精華，對你們我將會一視同仁！你們足夠幸運可以接受教育，你們要借助教育，幸福的長成一棵參天大樹，收穫豐碩的果實，這樣飛翔在天空中的鳥兒——你們未來的臣民才能在你們的樹葉當中築巢安家！我已經將你們視為未來的庇護者、學校的關懷者，是家庭的光明和頂梁柱，是民族的榮耀，是國家的驕傲。你們應該持續努力，好不辜負對你們這樣崇高的希望，認真的對待我們的事業，避免任何干涉我們的事業的理由出現。

作為獲得智慧的辦法，我們為你們提供如下建議：第一，開設拉丁語簡明教程，好可以透過輕鬆愉快的辦法，掌握道地純正的拉丁語。第二，開闢完全哲學化的綠草地，好可以對一切事物的意義展開合理的研究。第三，做大量的自由科學（包括算術、幾何、光學、天文、樂理和別的對生活有利的方面）練習，以此熟練的掌握該如何應用它們。第四，對自己的性格進行磨練，好讓你們在學校裡，就可以成長為舉止端莊的公民，可以和任何人交流。

我最親愛的聽眾們，你們要明白，我們想為你們帶來益處的願望，是多麼的強烈！我之所以再三的請求你們，是為了讓你們努力消滅懶惰的毛病。

第七章
根除學校裡的惰性

第七章　根除學校裡的惰性

　　能為年輕人和學校效勞的機會終於來臨，我對此期待已久，因此感到特別高興。正因為患了疾病，才需要恢復健康；正因為秩序混亂，才需要對其整頓；正因為出現了道德敗壞的人，才需要讓法律完善。但實際上，我們通常都沒有立即開始行動，採取必要的手段。大多數人對待事業都是順其自然的態度，或者覺得自己已經履行了自己的職責。我們發牢騷，大家就會明白，我們對自己的災難根本一無所知。忽見前方有美好的事物，我們就抱怨自己陷在了混亂的泥坑當中，最後弄得滿身泥水。可能是因為我們沒有決心將其擺脫，也可能是因為我們對做這種既嚴肅又需要能力的事情根本就不適應。

　　所以疾病一旦入侵我們的肌體，並且安營紮寨，就會在惡劣的環境下日益蔓延開來，古希臘文化當中，在對海格力斯與多頭蛇的艱難爭鬥的描寫中，就曾將這種現象形象的表現了出來：海格力斯砍掉多頭蛇的一個頭，那個地方就會再長出兩個新頭來。不管怎樣，我們都應和自己的惡習進行爭鬥，直到將其打敗。我們現在面臨的任務，是和惰性這一學校的癥結作爭鬥，因為一位賢明人士早就抱怨過了，說我們疏忽大意，說我們在履行對中學教師應盡的職責時，都是在走過場，我們這個學校也是一樣。彷彿我們可以這樣設想，一旦燃起優秀教學法之燈，統治學校的惰性就會在某種程度上消失。但是人們不想將雙眼睜開，那麼燃起火炬又有什麼用呢？我的腦海裡又出現了一位大學者的格言：不將學校裡的惰性根除，一切改進教學法的努力都是徒勞。所以，出於根除惰性的目的，我總想將一本佳作《談談求知方法》出版，它在激發師生的求知欲方面

會有很大的作用。這本書已經出版了。如果能獲得厄爾別里幾年前在別里格獲得的那樣的成功，那就太好了！他說他收到不少的來信，都對他推薦了這位作家表示感謝。我們這裡卻沒有這樣的景象，周圍沉寂一片。人們是不是注意到了它，是不是在讀它，是不是讀懂了它，或者想弄懂它，我對這些都全然不知。反正我就是想讓大家讀懂它。有一個道德問題是眾所周知的：是否應該對忘恩負義的人行善。沒看到自己的幸福的人是不幸的；清楚如何達到目的的方法，但是卻輕視了它的人，是不幸的；不知道自己追求方向的人，是不幸的；不過最不幸的還是這種人：對他有益的事，他甚至連想都沒想，引路人的話他不僅不聽，還憎恨引路人，別人指出他的癥結，教他該怎麼樣醫治，他根本聽不進去。為此我專門寫了本文並將其出版了，讓它面貌一新，它更明瞭的闡述了問題，也更符合實際。標題是〈根除學校裡的惰性〉，因為惰性如果不除，就會成為絆腳石，阻擋我們對光榮美好事物的追求，而且其他人的訓誡、指示、良好的祝願，我們創建的學校、教師和宿舍，還有所有完善的規章制度及遵循制度的人，總之，這所有的一切永遠都會是徒勞無功的。所以，我們現在面臨的任務，是從智慧中將惰性這個導致災難的洪水猛獸根除，或者用更準確的說法，我們打算完成這個創舉。我還是頭一次自立為勤勉的楷模，努力讓和學校相關的人，還有那些希望本書是一本簡明作品的人聽從我，不過這是有條件的：第一，一定要讀本書，它不是為穀蛾而是為人撰寫的。第二，讀了以後一定要理解，讀了以後不理解，還不如不讀。第三，一定要討論本書，而且還要互相勉

勵。請你們多多交流，避免故步自封，因為前者會為人帶來光明，後者只能帶來黑暗。

我們的工作將要以這樣的方式進行，好像我們在開一個某專題的討論會。先提出一個讓人不安的現象，然後努力找到可以將這個禍害根除的方法，找到以後，就竭力暗示和其相關的人一定要採用。

這種讓人不安的現象，指的就是我們學校染上一種潛在的疾病，它已經把學校害得一點生機都沒有了，現在是瘦骨嶙峋、面孔蒼白。但是，它們卻拒絕他人的挽救，或者接受挽救也是不情願的，即使接受挽救，情況也沒有好轉，反倒是受的害更嚴重了，陷得更深了。

我對此十分清楚，這其中的原因很多，而且還很複雜，不過在我看來（因為已經有人就現在暴露出來的個別現象進行了研究，並且找到了根治的辦法），一切禍因，都可以歸咎於一點，那就是消極態度和漠不關心，它已是根深蒂固，在有人向人們指出學校的真正目的時，人們就會被這個禍因妨礙，讓他們睜不開眼睛，無法看清這個目的，就算看清了，他們也改變不了這個消極態度。

為了將事情弄清楚，我們將依次對標題所包含的三種意義進行分析。

- 在觀念上，學校正是一個勞動場所，即使是非常愉快的，但是這裡終究還是勞動場所。
- 惰性對學校是一種極其有害的束縛。

- 在將根除惰性是誰的責任這個問題弄清楚之後，將這個有害的猛獸清除，就是整頓學校唯一切實可行的方法。

因為學習也是勞動形式的一種，從這個角度來說，學校是一個勞動場所。

事實上，教就是讓不了解科學的人了解科學，學就是被教。不過想教的人要自己先學，想學的人就要跟別人學。自己先學和跟別人學都是要學，要學就不能一直原地踏步，躺著確實舒服，但是不能一直在睡覺，而是要保持旺盛的精力，一直在學，保持注意力的集中，讓自己全身都在運動。

有人由於缺乏經驗而表示反對：在希臘語裡面，「學校」這個詞的含義是休息和安逸，但是休息卻和工作是矛盾的。對此我的回答是：對，但是和休息矛盾的工作，是那些讓人疲倦的、機械性的工作，之所以要把學生從機械性體力勞動中解脫出來，就是要讓他們將把體力用在更大的腦力勞動中去。

在拉丁語中，有時將學校稱為「ludus」，也就是遊玩，不過這裡當然不是讓學生學會玩骨牌、撲克牌、象棋或別的無聊的遊戲的意思──實際上，這個「遊玩」的意思是學校是個專為學知識所設的、安靜的安身之處，而學習知識，並不會讓人感到辛苦疲憊，反倒會像遊玩一樣愉快輕鬆，不僅培養了智力，還鍛鍊了身體。

學校是勞動的場所，而不是別的，這一點可以從一些榮譽稱號和形象的定義中清楚的看出來，它們成功的說明學校和為學校工作獻身的人們的特點。我們下面進行舉例說明。

第七章　根除學校裡的惰性

　　第一，人們將學校稱為仁慈的作坊，一批沒有受過教育的年輕人在這裡接受教育。在作坊裡（特別是在手藝坊、雕刻坊和寫生坊），遊手好閒和無聊至極的人已無一席之地。那裡人們一直在勞動，他們忙得高昂熱烈——鋸木的、刨木的、旋光的、打鑿的、雕刻的、畫墨的，各司其職，夜以繼日。除了禮拜以外，他們什麼節日都不過。學校裡的智力勞動在勞動強度上，並不弱於任何一種體力勞動，他們也是除了節日外，什麼其他節日都不知道。

　　人們將學校恰如其分的稱為「光明作坊」，這裡宗旨是教人智慧，將危及我們的無知、迷惘和罪惡的黑暗驅散，但是，如果你將學校設想成「光明之作坊」和燈盞，那麼就得在學校裡，為那些精力充沛、積極參與活動的人提供用武之地。最好一些人去找材料做燈盞，一些人做燈芯、熔蠟或脂油，再放進去燈芯，鑄成蠟燭取出來，將成品包好包裝，還有一些人去做火絨，用鋼擊石取火等等。

　　我們成功的比較過學校與建築藝術，因為實際上這裡的人們就像一塊塊打磨好的石頭，準備去作公共建築物的——經濟的、政治的和宗教的——原料，他們會對建築物的堅固與美觀產生影響的。

　　如果將學校視為永恆智慧的東西，如果沒有人的雙手，它是無法實現的，那麼將大智大慧的化身——聰明絕頂的所羅門當作榜樣，就將是千真萬確的了。他打算為上帝修座廟宇，為自己建一座庭院，為妻子和法老的女兒造一間房子（這是教堂、國家和學校的象徵），所以徵召了很多勤勞的能工巧匠，

將 8 萬名伐木工和木工，7 萬名搬運工還有 1,300 名監工派去黎巴嫩砍伐雪松，將樹幹截斷後再運送到海邊，紮成木筏後轉運到耶路撒冷這裡，夏天在位於疏割和撒拉坦中間的約旦平原上翻沙和泥。這些無疑都說明了，如果沒有扎實且詳盡的初等學校教育做基礎，不可能獲得建造教堂與國家所需的石頭和圓木。所以學校只知道工作，當然，只有在工作環境優美的情況下，才會是愉悅的，就好像工作在飄溢著花香的黎巴嫩大森林裡，或者在約旦周邊盛開著玫瑰的谷地裡一樣。

如果我們將學校視為吃智慧草而長大的「羊羔」群，那麼我們就可以看到，這時的學校就代表了工作與勞動，而不是懶惰和遊手好閒。

將學校類比苗圃是可以的，因為學校實際上就是國家的苗圃。那些聰明的園丁不會將幼苗播種栽培在將來生長和結果的地方，而是一個特定的地方，這個地方叫苗圃或育苗基地，同樣的道理，人也不會馬上而準確的被安排在國家中去，讓他們在那裡獲得發育和成長的，還要趁他們還很年輕、無生活負擔，鍛鍊對他們很有好處的時候，提前讓他們獲得發育和成長。和園丁一樣，嘔心瀝血的照顧，讓幼苗順利的從種子中發出芽來，或者讓從樹林中移栽到公園裡的幼苗能夠苗壯成長，再持續的進行澆灌、移栽、接小莖，讓它們可以開花結果，直到在多年悉心照料之後，移栽到了公園的指定地點、已經茁壯成長起來的幼苗結出豐碩的果實，學校裡從來都是這樣的。如果我們不想讓這些即將結果的幼苗枯萎，不想讓它們不結果實或者最終死去，我們就必須將大量的心血傾注到國家的苗圃

當中。

　　將學校類比分娩床，是最正確不過的做法。哲學家蘇格拉底的媽媽是一位接生婆，她先讓自己聰慧起來，然後用自己的智慧培養了很多的人，自願做著「接生婆」。這是很聰明的。他們可以用自己靈巧聰明的雙手將產兒帶到人世，他們擁有絕頂的智慧，體態勻稱，能言善辯，道德高尚，活潑可愛。在產房裡他們是大有用武之地的，這裡的工作十分繁忙。當產婦生產有些痛苦時，接生婆就將可以減輕她疼痛的藥物拿來，熟練的攪拌後再認真的品嘗一下。在場每個人都在為保障產婦和產兒的生命與健康忙碌著，即使他們幫不上別的忙，因為在他們看來，可能覺得精神上的接生術不怎麼樣重要，而且他們可以漠不關心或者開心的做這些事情。

　　所以，學校被人們稱為繆斯的競賽場，還和戰爭相比，也不是全無道理。精壯的年輕人加入了軍隊。他們天生就是要與懶惰、謬誤、惡習這些人性的天敵作爭鬥，剷除掉國家裡的一切粗魯、腐朽和骯髒等。但是，誰曾見過不艱難、不困苦的戰爭？人們之所以發動戰爭，可不是為了獲得快樂，而是因為戰爭，才讓自己走上了布滿災難與困苦的道路，如果統帥、將領還有士兵沒有搶到世界，沒有獲得榮譽，沒有得到豐厚的、能讓他們歡樂和興奮起來的戰利品，他們一定不會善罷甘休的，還會竭盡全力將戰爭繼續下去。

　　因此，學校是什麼？積極肯做的人才是它所需要的，它是如何對待師生，如何對待和領導相關的人，為了可以將這個問題更好的闡述出來，我們就來看一位好教師、好學生、好學校

領導的典範是什麼樣的。

　　一位好教師，他不僅要努力做到聞名遐邇，還要名副其實，不可以虛有其名，所以他不應逃避任何和教師職業相關的工作，而是認真的做，不是走過場式的完成工作，而是認真的完成工作，引用塞內卡的話告誡學生時，不能說過就算了，而是要讓學生受益終生，他說：「勞動可以培養高貴的智慧，但是如果你只是沒有將工作放棄，那麼結果也不會讓人滿意，你應該對工作有自己的要求，怕流汗的人不配當男子漢大丈夫。」優秀的教師會去找學生（昆體良說：「他會以自己學生眾多而自豪。」），會去找要教給學生的內容，或者耐心的將一切可教的內容教給學生。他會總在思考自己要怎樣才能教好，讓學生可以勤奮而愉快的吸收知識，而自己不必動用懲罰毆打的方式，這會讓學生大哭大叫，對學習產生厭惡的情緒。他像一位勤勉的雕塑家那樣，竭盡全力的塑造出盡善盡美的塑像，再上色、磨光、修整、潤色，讓它酷似原形；像永恆世界那些純潔無瑕的僕人那樣，渴望將智慧的黑暗驅散，讓一切思想與行動之中都充滿光明；像一位精明能幹的建築師那樣，將知識之林砍倒後，運到一個地方，找一個適當的地方擺放整齊，再砍削成各種形狀，好能夠建造各式各樣的住宅；像一位出色的牧人那樣，一直守候在羊群旁，時刻關心照料著羊羔，讓牠們遠離野獸的驚嚇和病毒傳染，也不會迷了路，他會將羊群帶到生機盎然的優質牧場，讓羊羔喝上流水；像辛勤的園丁那樣，對別人託付的、在花園裡培育的幼苗悉心照顧，在生長期間精心照料，澆水施肥，讓它生機勃勃，迅速成長；像一位善良的產

科醫生那樣，在被請到飽受折磨的產婦的床前時，他仔細考慮的是，怎樣才能讓她比較輕鬆順利的分娩……哪個學校，如果有了這樣的教師，那真的是非常幸運。

　　同樣，出色的教師正是那些名副其實的人，他們為了掌握知識，困難再多也不怕，他們苦心鑽研，直到精疲力竭。工作可以為他帶來精神上的安慰，面對困難，他不但不會躲避，相反還要主動去尋找困難，緊張與辛勞也無法將他嚇倒。他的目標遠大，他的學習是持之以恆的，直到自己體力不支，他堅持不懈的學習他人，時時刻刻以自己的老師為榜樣，和同事比賽，力爭迎頭趕上，並將他們甩在身後。毫無疑問，他可以成為那種立志成為人物的典範。他純淨得像充滿陽光的空氣；像一塊將要建樓而平整過的基地，一棟擁有一切最優秀的智慧大廈將在這塊基地上拔地而起；他像一個急切的想奔向飼料場的小羊羔，像一株高貴的幼苗，即將長成一棵天堂之樹，結下累累的碩果，散發著誘人的芬芳；他還像一名戰士，對自己領袖的一舉一動保持關注，並且對戰利品懷著無比的渴望。

　　一個出色的督學，會為學校的繁榮而感到憂慮，學校的形勢如果不好，他會覺得難過。他將學校視為自己的斯巴達，他的使命就是要維護學校，讓學校更加美麗。他的職責和一位優秀的總司令類似，他在為軍隊培養優秀的統帥和指揮官，首先教會他們怎樣組織訓練和培養出傑出的士兵，制定規章制度，為部隊供給精良的裝備，訓練全軍，將所有士兵都紀律嚴明，忠守誓言，對委任與軍餉表示關心，然後率軍作戰，鼓勵士兵們堅守戰鬥位置。他不允許軍隊出現萎靡不振的現象，總會

利用築工事、采糧秣、進行襲擊，還有和友軍展開實戰演習，來讓士氣保持旺盛。戰前，他通常都會下去走走，對軍隊進行整頓，時時都在提高他們的信心，用許諾和威脅刺激他們，激勵他們，召回那些逃跑的人，攙扶那些體弱的人，表彰那些勇敢的人等等，總而言之，他在鞠躬盡瘁的操勞著。為了獲得勝利，他無所不為，因為他十分清楚，一旦戰況不利，國家就會遭遇滅亡，而他自己也將蒙受羞辱與蔑視，只有勝利，才能確保國家的安全，而他自己則將凱旋。

看，極大的熱情、蓬勃的生氣、旺盛的精力、忘我的勤勞，還有徹夜不眠的奮鬥，而不是停滯不前和退步，才是這裡所需要的；要先預料到仍在做但尚未實現目的的事，而不是看已做成的事，才是這裡所需要的。

但是，這些都是這樣出現在學校裡嗎？有那麼活躍嗎？噢，希望如此！那時同樣可以看到，因為警惕和勤勉，這一切都會如願以償，大功告成。

但是，有可能將這些全都掠走，就是那個我們一開始說的、會帶來滅亡和呆滯的惡魔 —— 惰性。在將智慧中的惰性根除時，我們能夠清楚的看到：

- 惰性到底是什麼？
- 它對學校的統治程度，究竟有多大？
- 它的惡劣影響，到底有多深？

惰性是懶惰的，還表現為對勞動的厭惡。和惰性有關的是：

· 逃避工作，推脫分配給自己的工作；

· 冷漠的、無精打采的完成工作，就是在走過場；

· 漫不經心的工作，或者半途而廢。

我們難道沒有在學校的每個角落發現這類的現象？難道師生們不是更想從學校離開嗎？當然例外還是有的，得有留下收糧食的人，否則就沒人收割了。但是，留在那裡的人，難道他們就願意將時間浪費在這些無聊的事情上嗎？再說他們就不會在規定的勞動時間內消極怠工嗎？甚至在還沒有學成的時候，難道就不會逃離學校，就像逃避磨坊裡的勞動一樣嗎？

比如說，在我們提起教師時就一定要指出，統治教師的惰性的最首要表現，就是他們沒有思考該如何獲得真正完全的教育，也沒有思考自己還要為受到這種教育而付出的勞動。我將有人引用的伊拉斯謨的名言當作鏡子放在他們眼前，就為了證實這一點：「一個人如果即將著手教某一個人，那麼，他就要將最佳的內容教給他，但是要想能教最佳的內容，還要用最佳的方式，說實在的，他就應該是一切都懂得的，或者說如果人的智慧無法做到這一點，那麼至少每門學科的最基本知識他是要懂得的。作為一名古代語教師，不能只知道十來個作家就滿足了，我的要求是，他要熟悉所有的科學知識（這一點請多加注意），成為一個無所不知的人，即使在最開始時，他只能教很少的東西。所以，他要對每一位同時代的作家進行了解，不要放過任何一位作家，好打下雄厚的基礎，從他們那裡獲得體會等等。」不過，又有哪位教師首先關心了自己有沒有受到了這樣的完全教育，然後去做一個活的圖書館，成為輝煌的、普

照學生的太陽？

　　因此，孤陋寡聞的人，只能是教得少或者不會教，更不會在教學中下工夫以獲得成功。哪個學校領導者讓學生見見優秀的作家？每年學校又來過幾個作家？ 10 個還是 12 個？要明白的一點是，伊拉斯謨也不會滿意這一點的。

　　如果教給學生某位作家的作品，那麼想要勝任這項工作，需要多大的努力呢？每天得教幾個課時？他們可以自豪的講：「我一天可以連續教 12 個小時，另外為了鍛鍊自己的口才，我們有時還要進行演講，題目和上帝，和世界，或者和其他問題相關。」到哪裡去找這樣的人呢？

　　至於說到學生，我還能說什麼呢？惰性這個最可惡的敵人，從各個方面將我們的學生包圍了，這一點難道還不是眾所周知的嗎？首先，濃郁的黑暗籠罩住他們的智慧與靈魂，他們甚至都識別不了什麼是真正完全的教育的影響，所以他們無法感覺到教育的規律，對他們這些的半教育奴隸而言，就一點科學知識就可以了，就好像那些冷漠而懶惰的俘虜，即使將他的枷鎖拿掉，並讓他離開黑暗，他也會對這一切毫不關心，反而寧可在黑暗與惡臭當中度過他那難堪而又無味的一輩子。

　　其次，惰性堵住了學生們的耳朵，因為在他們看來，教師講課是累贅，如果可以這樣認為的話。他們聽不聽講都是一樣的，不管學多少年，他們都還是學生。

　　惰性將他們的雙眼蒙住，讓他們成了睜眼瞎，所以他們懶得都不想在家讀書了。他們名義上是大學生，即專心致志對精美的藝術和科學進行學習的人，而實際上，他們是豢養惰性與

冷漠的人。

關於他們的語言，我可以說些什麼呢？他們之中大部分人，話剛到喉頭就噎住了，這說明他們很少有問題，敘述馬馬虎虎，回答平平淡淡。

關於他們的情感，我又可以說些什麼呢？這裡一片死氣沉沉。他們連懇求對他們的聰明才智進行培養的願望都沒有，這是最起碼的了，他們拒絕為了保住自己的記憶力而每天記住點什麼，他們更是從來都不勤於思考，不想將自己的大腦訓練得非常敏捷。

他們的雙手是這樣的懶惰，以至於他們從來都沒有留心作家的寶貴意見，用類似的摘要來武裝自己，讓自己更加豐富。

這種人始終無所事事，結果就是他們整個身心都會陷入虛弱與疲憊，最終他們之中的大部分都會將自己要當大學生和獻身教師事業的目的忘記，而是將時間都花在了吃喝玩睡上（不僅晚上休息，白天休息的時間也超標了），將自己的青春年華都在懶散閒逸中虛度了，將人生的春天都虛度了。

如果他們不準備從事某個職業，那麼他們所做的那些骯髒的事，會對大學生這個高貴的稱號造成壞的影響，比如遊手好閒、閒扯吹牛、玩骨牌、拳擊、擊劍，心安理得的安逸度日，夜間閒逛等等。

學校領導者對學校關心的象徵是什麼？他們為了防止出現秩序混亂操了哪些心？當事情發展到了秩序不整頓就不行的地步，他們的努力有什麼樣的重要性？在其他的地方，根本沒有

領導者管理學校，因為職務上並沒有設，而設置了領導者的地方，這些卻很少盡職盡責，沒什麼警惕性，又沒有充沛的精力，計畫的任務很少能夠完成。他們不怎麼參觀學校，不怎麼檢查教師的工作和學生的學習，也不怎麼教訓那些怠忽職守的人等，基本上對這個事業是放任自流的態度，只要沒有到讓人氣憤的地步，他就心滿意足了。

由此產生的這些，不正和我們在作坊裡所見到的是一樣的嗎？在那裡，懶惰的工人用睡覺、玩耍和無所事事來打發時間，每一項工作不是不徹底的完成，就是半途而廢了。這不正是工地上正在發生的事情嗎？在那裡，要用的木材沒有被砍倒，四面沒有砍削乾淨，也沒有鋸斷，沒有好好的進行加工，所以建築基地那裡還是一片空地，或者有一些草棚代替了建築，還是四面透風、歪歪斜斜、簡陋不堪的；這不正是戰爭中所發生的事情嗎？在那裡，怠忽職守的統帥還有士兵獲得勝利的保證，然而他們會讓勝利從自己的手中溜走；這不正是農田和花園中所發生的事情嗎？在那一片荒蕪的田園裡，成長起來的是一些無法結果的莠草，而不是果樹，也不是美麗的荊棘叢。

這樣一來，因為疏忽大意統治了學校，所以它們就不可能為我們帶來預期的效果。作坊生產出來的將是粗糙的原木，而不是勻稱的雕像；是冒煙的焦木，而不是世界巨燈；是淫欲的山羊，而不是無辜的羊羔；是帶刺的灌木叢，而不是能結出豐碩果實的大樹。要想將這些缺點改正，就要從學校裡將惰性根除。

第七章　根除學校裡的惰性

　　將惰性根除，這意味著什麼呢？它意味著要採取強有力的反擊措施。那個為我們帶來極大不便的事物，是不願自行滅亡或者不可能悄無聲息的滅亡的，那我們就要推開它，批判它，用棒子打它，用鞭子抽它，或者用別的類似的、能夠讓它害怕、可以讓其逃竄的武器驅趕它。

　　所以，如果我們想將惰性根除，就要採取強有力的措施，去對這個可惡的習慣發動反擊，是它讓我們這樣的萎靡不振、軟弱無力，讓我們在獲得智慧的過程中毫無競爭力，同時我們還要將惰性徹底根除，不能再讓它將學校弄得衰弱不堪。

　　但是，將這個惡魔根除，誰會來參與呢？據說，如果公野豬（那個眾所周知的，在詩歌中被頌揚的）毀壞了埃托利的田地，在埃列亞君王精心耕種的葡萄園裡肆意踐踏，那麼最強壯的獵人和全體埃托利人都會集合起來，將牠殺死；如果我們的羊群遭到了狼的襲擊，那麼貴族、市民和農民們也會集合起來對付狼群，保護自己的牲畜；如果國家的邊疆遭遇外敵侵犯，那麼任何人都不會拒絕拿起武器。

　　當然，首先要從這個惡魔已獲得優勢的、已根深蒂固的地方下手，將其消滅。但是，誰來做呢？我們總會聽到對教師的滿腹怨言，但是教師卻歸咎於學生，不過毋庸置疑的是兩面都有錯。教師不願意賣力的教，學生也懶得努力的學，所以雙方都算不上認真，但是教師還是要占大部分的責任，因為他們是罪過的根源，他們這種危害極大的「榜樣」影響，像無數條小溪似的，潑灑在學生的身上。

　　同時，另外的一些人應該將關心此事作為自己的責任，他

的勞動、美德、榮譽、良心還有現狀都被這個惡魔影響了。在學校裡，師生和校長一起來關心這件事；在學校外，家長也來關心這件事。

不管是學生身上，還是教師的身上，都應該將惰性根除。

從根除自身的惰性時，請記住自己崇高的志向。對根除惰性，典型的勤勞手藝人可以發揮作用，他們之中的任何一個（墮落的人除外）都會力爭在本行業中出類拔萃，精通工作中需要的所有手藝。鐵匠能將鐵軟化，讓鐵可以像蠟一樣拉長，然後再做成任意一種形狀。鑄工可以熔化金屬，然後馬上鑄成塑像；畫家可以畫一幅栩栩如生的肖像；園丁十分自信的播種、育苗，再讓它保持茁壯的成長。如果人類的教育者還比不上他們，難道不應該覺得羞愧嗎？

這樣的對比，甚至會敦促你去想一下，你將會如何陷入自相矛盾的困境，如何獲得名不副實的稱號。那些不學無術的教師還有消極怠工的領導者，就像沒有身體的影子、沒有雨的雲彩、沒有水的源頭、沒有光的燈，都是空有其物。他會覺得羞恥的！你既然身居其位，就要行其事。你拿著兵餉，你就是一位士兵；你是一位教師，你就要學習，否則就要將你的假面具撕下來。

要留心觀察一位懶惰的教師會遇到的不開心的事情。戴奧真尼斯（Diogenes）看到沒有表現好的小孩時，就會杖打小孩的老師：「你就是這麼教的他？」如果他的做法是對的話，那麼那些無知、壞事做盡的學生的教師就要小心挨揍了，因為放任自流或者沒有很好的服從領導者的人無法自制，他們犯錯誤是

可以寬恕的。懶惰而又無能的學校領導者是一切罪惡的根源，他要對他的下屬品德的完善負責任。

一位勤勉努力的教師，可以有三種方式根除學生中的惰性：第一，在學生心目中樹立起一個積極、勤勉的榜樣來。噢，這多麼的有意思啊！一顆已經被扔進滅炭堆裡，但是還在陰燃的炭，只要你使勁的吹它一下，它還是會燃燒起來。如果亞歷山大在衝向雪堆、咆哮的河水或密集的敵人時，命令本部士兵緊隨自己身後，那麼他就會率領全軍，拿下這場勝利。忠誠的教師，請你首先將自身的惰性根除，這樣你就馬上會發現學生身上的惰性也已經消亡。堅忍有毅力的教師不畏艱難，每天勤學四、六、八或者十個小時，還覺得自己精神抖擻，對他進行有效的模仿的人也不在少數。

第二，如果因為顧慮重重，只要求他們去看、去聽，這會讓他們感到厭倦，應該為他們提供在實踐獲得鍛鍊的機會，此外還應該強制性的讓他們鍛鍊。讓教師強迫他們照自己所說的去做，並讓他對犯錯的人進行糾正。這樣智慧就會持續提高。因為人好動的本性，對一切運動與鍛鍊都是喜歡的，所以你只要向它指定一個方向，而不是讓天性都衰退了。

第三，友好的、心平氣和的交談，對學生的作用是非常好的，在教師面前，學生就不會像在暴君面前那樣嚇得渾身發抖，而是愛戴自己的教師，就像愛自己的父親那樣，無拘無束的請教他。

這裡我承認，在參觀學校時，當我看到教學沒有順利的進行，我是特別驚奇的，我發現一部分教師是這樣樹立自己的威

信：他們幾乎不和學生交談，只是在他們身邊走來走去，像個木偶一樣，又像將幾塊骨頭扔給狗一樣，對他們安排很多的作業，如果學生沒有完成，他就會大發脾氣。這是在做什麼？這不是在將學生的天然興趣扼殺、引誘他們對學習感到強烈不滿嗎？你是誰？是偶像嗎？你有舌頭，不會說話嗎？有耳朵，聽不見嗎？有眼睛，看不見嗎？你想不想讓學生喜歡你？你絕對成不了學生的上帝，除非你不再當偶像了；你也絕對無法勝任教師這個職位，除非你學會怎樣像他們的父親那樣的工作。

當然，學生自己也應該根除惰性，就像上面說的，榜樣和聰明的領導者，是最能培養學生志向的方式了。如果開始行動後要借助理性與信念的話，那麼首先要將他們對智慧的熱愛激發出來，然後在任何一個學生都不想受到紀律處分的情況下，讓他們嘗到想要熱愛智慧，自己就得付出勞動的甜頭。

所以，首先要多多的稱讚他們，以讓那些已經熱愛上智慧的學生沒有感覺到得到智慧所遇到的困難。成為一個有智慧的人意味著什麼？它意味著可以分辨事物，處處都覺得善大於惡，較好要比好差一點，總會找到最佳的辦法來實現自己預期的目的，並且已經掌握了運用這些手段的方法，所以無論什麼時候、什麼地方在做什麼事，他都將一切看得分明，而且還能善意的勸告別人，他那雄辯口才十分迷人，品德高尚，所以對他來說，生活是愉快幸福的。

要想得到這個好處，就得付出努力，因為對美德的追求之路實在不易，如果沒有頑強的努力，別想得到任何的榮譽。在那些覺得不管什麼工作，都比無所事事強的道德家看來，世上

無難事。一個開始了一項崇高事業的人，就應該減少睡覺的時間，就一定會遇到困難，就不應該去參加那些奢侈的大宴席，要遠離一切可能削弱精神的事物。亞歷山大在年輕時，從來沒有耽誤一點時間，所以他征服了世界。如果每天都不讓大腦閒著，而是堅持不懈的工作，那麼無論什麼科學險阻都可以戰勝。惰性是可惡的，而且是一種非常可惡的惡習。因為有了它，即使是離天使最近的人，也會成為笨蛋。請你們對天上地下的其他人保持關注，他們之中的無論是誰，越高尚就越積極、越活躍，比如亙古運行的太陽和璀璨的群星。而正相反的是，無論什麼事物，越是停滯不前，就越可恨，越會遭到蔑視，就比如石頭和泥土，天生就是被人踩的。

如果這些例子還無法說服一個人將自身的惰性根除，可能他的年紀還小，那麼請你用枝條將他身上的惰性驅走；如果他是一個成人，那麼請你將學校裡的惰性驅趕出去，就像驅逐惡魔一樣。在一群勤學的人中間，一個懶漢能做些什麼呢？他一旦從勤學的人身邊離開，消失的速度會更快。果斷的戰士之間的友誼可以迸發出強大的力量，和眾多的懦弱的人和懶漢相比，這種友誼更能迅速的將敵人打敗。

為了將學校裡的惰性根除，學校領導者可以做些什麼呢？以下五個方面的工作是他們需要完成的。第一，他們要盡可能的為年輕人提供出色的教師，即學識淵博、勤奮善良的老師。這些人應該去做教師，因為知道得不多的人是當不了教師的。要是勤勞的人，因為如前所述，學習是勞動的場所。要是善良的人，他才會樂意的將這些發現分享給他人，而且是因為他們

時刻做好了學習未知東西、並大度的教給別人的準備。第二，學校領導者不能一次就將事情辦得有條不紊就滿足了，因為我們用拐杖和木棒將壞習慣（壞本性）驅走，它早晚還是會捲土重來的。第三，他們應該經常對學校進行視察，了解大家有沒有各盡其職。第四，他們應關心發給教師的補貼，特別是應該發給那些勤勤懇懇的教師們獎金；另一方面，對那些工作馬虎的教師，他們應該使用懲罰和有效的處理來作為警告。第五，他們要讓教師每年兩次學習學校的規章制度，好讓人人都知知道自己的職責，對自己因為不知道而帶來的疏忽大意也不會原諒。

那麼學生家長又可以做些什麼呢？可以做的很多。我們真的可以堅信，如果我們沒有在學校裡將惰性根除，就沒法在國家中將它根除；同樣如果沒有將它在家庭中根除，那就不能在學校裡將它根除，這是千真萬確的。而那些一貫受到鼓勵積極的孩子，在入學前就獲得了良好的教養。有一句名言非常富有智慧：「當一個人還在搖籃裡的時候，就要對他進行保護，避免他染上危害一生的懶惰以及無所作為。」因此，聰明的帕提亞人，還有後來那些勤勞刻苦的人們，都對自己的孩子進行嚴格的訓練，讓他們每天運動、工作，在跑步和投擲鐵餅競賽之前，不把他們累得筋疲力盡、滿頭大汗，就不讓他們吃早飯。如果有這種鍛鍊經驗的年輕人來到了學校（而不是現實中那些常會遇到的懶惰的笨蛋），那麼以此為基礎，展開學校的工作將會多麼的容易！

所以對根除學校裡的惰性，聰明家長是可以產生重大的影

響的。如果他們在家裡就沒有對這個惡習是姑息的態度，也就是說，如果他們自己過的就不是那種無聊的生活，不會坐視自己的孩子還有家庭別的人沉湎在會讓人愚鈍的無所作為當中，而是堅持讓每個擁有健全的四肢的人都去參加活動，在某種有益的工作中忙碌，即使是那種還很幼小的、無法做比較嚴肅事情的孩子，也要讓他去玩，目的就讓他不會成為一塊遲鈍痴呆的圓木頭。

如果除了這些，家長按時將孩子送到學校，如果他們不管怎樣都不讓孩子輟學，如果他們總在問孩子們在學什麼，獲得了怎樣的成績，那麼這些對於學校的工作都是有幫助的，至少家長們可以趁午餐和晚餐的時候，問問孩子們今天都記住了哪些內容（這不會耽誤時間，一般吃飯時總會說點什麼的），如果孩子們回答了提問，就不要逼著自己等待所希望得到的結果，他們的智力和講話能力就會一天天的提高。

在下一個世紀將會是這樣的：它未來的公民沒有不曾受過教育的，在聰慧的帝王國家那裡，對聰明智慧的研究還其他事物也會獲得極大的發展，聰慧的帝王會說：聰慧賢明的人無數，才是世界的幸福。

但是，這些高高在上的人究竟應該怎麼做，才能在學校中保持精神飽滿呢？首先，應該做出典範的樣子來，處處將自己旺盛的精力和指揮才幹展現出來，這樣別的人看見他們將全部身心都投入到那麼多的事情當中，也就會精神飽滿了，那句諺語說得對：有其主，必有其僕。

其次，他透過開辦新學校，重振那些荒廢了的學校，對教

學與教育發展不完善的學校進行改革，將賢明的、積極的、受
人尊敬的人薦舉到領導者職位上，做了學校的督學。一般說來
這樣的人就可以稱得上傑出的人才了。如果他們為那些忠實可
信的工人保證供給，避免出現飢餓逼著他們逃離這個神聖使命
的現象，他們就可以完成這一點。有這樣一首真切的四行詩，
卻證實這是另外一回事：

> 如果燈盞裡沒有注入油，
> 它在黑暗中就不會發亮；
> 如果勞動沒有得到應有的獎賞，
> 那麼力量會在一瞬間消失光。

當權的人利用提高學校領導者的威信，鼓勵他們要對自己
的威信進行維護，就能夠做到這一點，讓那些品德高尚、誠直
坦率的人，不會因為被卑鄙小人和敵對者的詆毀和攻擊而感到
痛苦。那些卑鄙小人和敵對者因為無法以他們為榜樣，所以策
劃了陰謀詭計，對這些無辜者展開攻擊，破壞他們已著手整頓
或已整頓好的事業。如果他們沒有將這些因素消除，如果他們
不自己動手將這些陰險狡詐的人摧毀，而是指望上帝的幫助，
那麼即使是最好的工廠和計畫，也會遭遇類似的、來自陰險毒
辣凶殘的人的破壞，至少也會構成阻礙。

我們看見了，惡毒的陰謀是如何和高尚的品格抗衡，惰性
是在如何和積極性互相牴觸的。而這些又都發生得十分隱蔽，
同時又非常凶狠。我與懈怠進行過爭鬥，我努力的告訴它們，
這裡沒有它們的空間，如果善良總是比庸俗好，就會對那些存

心不良的人形成震懾。

他們好像在埋怨難以採納新的教法，無法適應人的本性，如果他們願意就請聽聽塞內卡是怎麼說的吧：「高尚者不會考慮自己的力量，而會考慮人類本性的力量。」我再說一遍，如果這些精神上的侏儒不是去適應學生的情緒，而是去適應學生和學校的本性就好了。

他們還特別埋怨新編語法太難了，如果一直是這樣，我就有權在語法教科書的卷首加上一行標題──「為師生互教而編的、明智的語法教材」。事實上，要是教師不想先走，那就讓學生先走，要是不是你，那就是其他的人。

我始終都認為，年輕人非常容易就養成了不想、不說、不做的習慣，好像他們已經充分的了解了做人的方法和相應的準則，所以人們問學生他們在想什麼、說什麼、做什麼？是怎樣的想，怎樣的說、怎樣的做？又是為什麼會那樣想、會那樣說、會那樣做？他們要是可以意識到這一點就好了！而要想真正的搞清楚它，是不能指望一般的教育的。

在這件事上，如果你不愛聽我的直言，那麼你就不會明白愛的力量意味著什麼，而這種力量，可不只是在於抓住某人的頭髮，將他救出墮落的深淵，不管怎樣它都不會樂意做類似的事。請你們記住，我們是人，是富有人道精神的人，而不是天生就是冷酷無情的，能讓性情暴躁的人變得溫和的人，是不可能冷酷無情的。

我們既然已經走上了這條路，就要語言與榜樣雙管齊下、互相激勵奮發，我覺得這是十分正確的。詩人對那些追求自己

競技目標的人是這樣說的：落在後面的人，會被舊日的惡習擊潰。

我們年長的人和年輕人都要將自己的事業完成，特別是對智慧的追求這個十分重要的問題上，要知道，站在這裡原地踏步的人，一定會被惰性的舊日惡習擊敗。那些只是一時追求智慧的人，就讓他以此自慰。不管是現在，還是將來，我都只願意和比較積極主動的人交談，教導他們。

為了讓大家可以將這個問題弄清楚，我準備寫一篇關於將學校裡的惰性根除的文章。我已經將這篇文章寫完了，我現在將它獻給你們，親愛的匈牙利人！祝你們互相勉勵，生活幸福，不斷獲得進步！因為，你們的太陽正在冉冉升起！

第八章
擺脫煩瑣迷宮的出路或者為了教學進步而機械設置的教學機器

　　我們承擔起了兩重任務，但是目的是同一個，即說明找到了擺脫煩瑣（不愉快的事）的出路，或者是尋求這個出路的方法正在閃耀著希望之光。我認為應用擺脫迷途的方法和人工機器來對這一點進行解釋。

　　我以前說過，如果我們無知的徘徊，那麼對我們每個人來說，這個世界，我們生活和工作的空間都是個迷宮，並且真理的女兒，智慧之神無論如何也不會建議我們我們處處去關心注意那些平凡和公正的東西。

　　現在有兩點需要指出：

・很多學校至今仍是無止境的扭曲自然天賦的真心迷宮；

・找到了擺脫無窮困惑的的方法，不僅正確，而且簡單。

　　顯然，學校是迷宮，因為它們任何相當穩固而確定的目的都沒有，更不用提實現這一目的的手段以及運用這些手段的規則。

　　因為如果你問：學校的目的是什麼呢？你聽到回答會是這樣的：研究語言、科學還有藝術。但是研究的是什麼語言，什麼科學，什麼藝術？在什麼樣的範圍內進行研究？這些都還是懸而未決的。為了教而教，為了學而學，也就是為了活動而活動，任何時候都不相信可以實現工作或追求的目的。

　　什麼手段呢？抓住一些模糊的手段，任何正確的東西都沒有。如果將某物作為正確的手段，那就是一些語言書，從這些書裡，是無法得到對自身、對萬物的正確理解的；在書中，就連那些語言作家自己都會在迷宮裡迷失了方向。用這些書，有

智慧的人都會被他們引入迷宮，受困，迷失方向，不知所措。

　　如果你對規則進行研究，就會發現完全真實的迷宮，天才的羅賓證明說：我認為學校教育孩子的方法應該是這樣的，用對其辛勞和勤奮給予獎勵的辦法，委託他想出一個方法或方案，這樣，教師教，學生在驚人的勞動和較長的時間中學會了拉丁語（這點在《最新語言教學法》的第七部分中進行了詳細的講解）。這裡說了拉丁語學習方面的紊亂狀況，但是還沒有為大家所接受的教授和學習別的語言、科學、藝術的方法。

　　所以，是否已經找到了其他更好、更靈活的教學方法呢？在什麼地方呢？對此我的回答是：在符合內外情感的、為每位學生所樂於接受的自然方法裡。它從人的本性出發，它的形成和萬物相配合，它本身含有目的、手段和自趨完善的力量。

　　我認為，人的天性就是靈活的透進腦海的、簡單而正確的阿里阿德涅引路線；它的長度足夠我們找到所有迷宮的出路，人的天性從來都不會迷失方向，被緊緊的纏繞線上團（自己的中心）上，不會鬆開。運用這種流行的、有一定之規的方法，對於確立學校的目的、手段和實現它們的原則來說，是可行的辦法。

　　以後你們會明白的，學校的目的應該是讓人適應他的使命，也就是讓他受到可以讓人類天性得到完善的一切教育。他應該成長為可以支配他擁有的萬物的人。人類誕生的目的，是遵循理智和自由的意志，理智的支配自己，平靜、理智而得體的生活，以便和與他人相互服務。這些是所有目的的核心，不管我們怎樣發展，都不能放棄。如果從這點出發，學校的目的

就是統一、簡單和正確的。（在第一階段）對於防止迷失方向來說，它足夠用了 —— 全面的讓人高尚，不管研究什麼（文學、道德等方面），都研究的是整體，而不是零散的、片段的或殘缺的。在所有好的、美的、有用的事物中，我們的天性無論什麼時候，什麼地方，都會認為整體好於部分，充實要好於空虛，穩定要好於動盪。所以，它為研究文化的學校預定了一些讓天性變得高尚的界線。

由此，還有一些從屬的目的：理論、實踐、運用物質。因為我們的天性試圖將它不得不做的一切弄清楚，追求完成這些和運用知識和技能的能力。所以，受天性要求和推動的學校應該教授這些內容：

（1）理論，（2）實踐，（3）對一切好的和有用的事物加以利用。這就意味著學校應該做到隨時隨地教：

- 某種物體是什麼，憑藉什麼而存在，好能得心應手的理解事物；
- 如何精確的進行，從而能將其復現出來；
- 知識和技能的用途是什麼，從而掌握對每種事物的恰當運用。一句話，不是出於好奇心，只是為了了解些什麼，而去研究、學習和理解隨便一種什麼東西；

學習的目的應該是弄清楚事物的來源，但不能對它的好壞是無所謂的態度，而是為了在生活中妥善的利用一切。

這天性說明了用於實現上面說的這些目的的手段，因為它研究的，也就是它想知道的，它試圖再現的，正是它試圖掌握

的，能為它帶來好處的，就是它準備利用的，這就是穩定的自然方法，研究一切值得研究的方法，嘗試一切值得去做的方法。所以，學校將有很多走出迷宮的手段，如果學校得到了適於認識一切的、用於研究的模式，有可以用來完成這項工作的工具，並有正確的利用一切事物、避免濫用的各種指令。

最後，這天性也為自己和學校預定了活動原則，從對陌生的眼睛和對事物的理論認識並不信任，到愉快的轉向自己的各種情感。所以學校應該把一切介紹給學生的自我感受，讓他自己去看、聽、嗅、嘗、摸，去獲得所有。所以，學校可以讓人的天性從某個時期我們正與之爭鬥的無窮的模糊和幻覺中擺脫出來。而對於實踐而言，人的天性依然是絕妙的。因為它始終希望實現這些，直到看到萬物都對它表示服從，並獲得預期的效果。就讓學校按照這點，並教導學生去模仿和理智的完成他們該做的所有事情，直到他們完成自己的事業為止吧！最後，有些東西是人類的天性所不願了解、不願做、不願徒勞的擁有的，那麼學校就不應該將這些東西加進去，讓每個學生去做或了解他無法利用的東西。也就是說，學校應該教會學生實際的運用自己的智慧和知識，堅持面向他手中的事物還有和他們一起生活的人，使他們可以在今後的一輩子當中，都沿著他們在學校已經開始了的方向繼續下去。

這就是阿里阿德涅引路線，一種自然簡單而又正確的方法，如果能夠正確的使用它，它就是那個繞線上團上的、簡短而又實用的引路線，讓人可以很輕鬆的走出曲曲彎彎的迷宮。但是有人可能會問：難道我們的方法不是這樣的嗎？在意念中

看到某物應該是怎樣的，比證明它的實際存在簡單多了。我的答案是：完美的東西是有自己的層級的。所以，如果它無法達到最高級，那麼它就會將自己的名稱喪失掉。如果我這些年始終在對自然方法進行研究，以致能確立它，那我相信，我已經獲得了一定的成績。

因為，第二，在對整個人類天性的形成進行研究的過程中，我堅定的確立了綜合目的，引導年輕人在遵循這些目的時，可以感覺到在現在和未來的生活中，無論是身體、智慧還是心靈都是無比美好的。所以，如果所有人或者大多數人在認知道德方面受到過完整的教育，那麼家庭和國家都將會獲得絕對的安寧。只要是讀過我的著作的人都會發現，書中的所有的內容都是以此為目的的。

我所規定和應用的行動原則，其實都是自然自己規定的，正是為了透過理論、實踐和應用而形成的，同時為了讓所有的學生可以時時自己去鑽研、感受、表達並應用。我通常都會發展自己學生觀察、言語、實踐、應用的獨立性，並將這作為獲得扎實的知識和道德的唯一基礎。

如果我還沒有將所有單個事物和有價值的知識挑選出來，準確而迅速、輕鬆自如的傳授給學生，那麼也不能因此認為我什麼都沒有做。如果不許向前走，那麼哪怕只是達到某種界限也是不錯的。但是，如果我們將自己已經掌握的東西銘記在心，那麼就可以再向前邁進了。對某些最重要的部分進行解釋的任務由我承擔了起來，科學、技能、語言、智慧、健康時刻都是以此為基礎的，現在也以此為界限。在奧古斯丁（Augustine）看來，認真的掌握一點，比泛泛的涉獵許多要更加有益。普林尼也覺得少種是有益的，可以日後再好好耕耘。塞內卡認為，懂得不多但是可以靈活運用，比知道得多卻不得要領要好很多。

所以，我們的方法是讓智慧擺脫所有的迷宮，給的並不多，但對生命是非常有用的，而且還可以透過應用，扎實的掌握，並應用在實際當中。

但是我自己意識到，在我寫給年輕人的書當中，資料的堆積和語言帶來不少的困難，有人會利用這一點對我進行反對。我的回答是情況屬實，不過阿里阿德涅引路線可以開拓出一條道來，將這些困難一一克服。給的東西少，重複的次數多，按照這個原則我打算承認我的書，甚至包括那些即將出版的書，都應該進行修訂，原因是裡面可能有明顯的錯誤。

這是和擺脫迷宮方法相關的靈活性。除了這個以外，我希望人類的教育成為機械式的，一切都是進行了確定無疑的規定的，從而讓所要教、學和做的所有內容都卓有成效，就好像在製作精良的手錶、馬車、船、磨和其他運轉的機器中的那樣。好像鉗工、紡織工、製帽工、製鏡工、裁縫或鞋匠用自己作坊的材料，分別製成了刀、毛巾、帽、鏡子、裙子或者皮靴。每一個被我們吸收進入我們文明作坊的孩子，都應該以一個真正的人的形象走向社會。我這裡所說的真正的人，就是萬物的主人，可以主宰自己或自己的事業的人。

但是這個方法能十分可靠嗎？如果構成這個方法的過程比較機械，即：(1) 這個方法由一切必要的組成部分構成；(2)

每個組成部分之間相互服從；(3) 這些部分為內聚力牢固的連接在一起，以致一個部分運動，其他部分都會跟著運動，如果可以做到這樣，那這個方法就是可靠的。如果這三點都具備，那麼事物就會獲得進步。哪怕只缺少一個，事物都會停滯不前。這種情況和手錶等機器的原理有些類似，如果缺少關鍵的零件，或各零件協調性較差，機器就會停工。

教學機器的必要條件是什麼呢？各部分的位置次序是什麼樣的？它的內聚力怎麼樣？答案在下面，在一部機器的機械結構中，應該注意以下這些：

· 目的：希望機器應該產生的功能，
· 手段：讓機器產生預期效果、實現目的，
· 一些協調這些手段的方法。

所以，對教學機器來說，應該尋找：

· 堅定的方向，
· 實現目的的手段，
· 用這些手段實現目的的穩妥原則。

機械方法有三個目的：知識、行動還有言語，即對一切有一個正確的認知，善於將一切好的東西實現，善於將必需的東西傳達給他人，因為各個單一物品所包含的東西都是不一樣的，於是這個機械方法就要求讓所有適於研究的東西都得到合理、輕鬆而又迅速的研究。

· 合理的：讓我們在世界這個古老的時代，對那些已知的東

西形成的真正理解，而非停留在膚淺的思考表面；

· 輕鬆的：為了不用什麼來恐嚇智慧，而是迅速吸引它；

· 迅速的：因為需要我們研究的東西要比我們父輩更多，同時我們的壽命還沒有那麼長，而且生命應用於行動，而不是學習。

引導我們實現這個目的的手段是：三個包羅萬象的、能將一切都教會我們的客體，我們具有的三個主體以及三個工具。

我們應尤其注意形成下面這三個方面：智慧、意志和活動能力。智慧是心靈的內在眼睛，它與所有事物都有關聯，接受萬物的形象，喜歡觀察和認識。意志是心靈的內部之手，它伸出去，將一切被認為是幸福的活動抓住並掌握，喜歡擁有萬物，並會因此而得到滿足。能力是來自心靈的內在力量，它將透過智慧認知、透過意志進行選擇的各個要素喚起，它喜歡活動的潛力還有活動本身。如果這三方面獲得了正確的發展，我們就彷彿也是全知、全想、全能的。對於形成人的機械法所追求的完整形象來說，這三者中的任何一個，都不能也不應該止步不前。

用來形成智慧意志和活動能力有三個工具：情感、理智、敘述。情感是心靈的窗戶，它用視、聽、嗅、觸的方式，將現實介紹給心靈，心靈由此對萬物形成認知。理智是心靈的鏡子，有了理智，可以評價某個存在於情感範圍之外某處的，但是透過自己的某種表現說明其存在的事物。敘述能力是心靈的麥克風，它由於某種報導藉以使情感和能力之外的事物能為人所知。因為，有了這三個工具，所有的事物都是可知的。所

以，在用這種機械方法塑造人的事業中，這三種工具少了哪一個都是不行的。

對於一個方法完美的機器來說，還有三種手段是需要的，現在存在這樣一個問題：用什麼方式確定和運用它們，為了讓這部機器不是廢物，或者在運轉的時候不出現紊亂？

因此，首先應該指明這些手段是什麼，如果在它們的自然狀態中對它們考察，那最好還要將它們的用法找出來。這一個問題，我想按順序來說一下。首先使用它們應該按照什麼順序，然後應該怎樣單獨的運用它們，最後是怎樣把它們應用在人上？

第一個原則應該是：我們運用它們，應該以它們平時保持的順序，比如按照這個方法的目的，人們首先應該學習知識、行動和言語，好可以學習更多的知識，然後理智的行動，說所要說的話。知識是心靈的事業，它就像源頭，行動和言語的小河從這裡流出來。如果源頭是純潔的，那麼行動和言語也是純潔的。如果源頭是混濁的，那麼行動和言語也是混濁的，因為教一個人行動，他首先應該知道自己在做什麼。教一個人表達他自己都不清楚的事情，會讓他變成一個應聲蟲。所以，行動對自己、對別人都非常重要，但是言語就不一樣了，言語的存在，只是為了別人。讓下一個原則成為無可爭議的吧。首先塑造大腦，然後是手，最後是口。

在認識的對象當中，最先創造的世界是第一位的，然後是進入世界的人。所以，應該依次認識這些對象。多方涉及情感世界的作品是首要的。對於學生來說，作品好像是對情感進行

訓練的首要智慧因素；然後人用天生的概念，自然意識和被數字、尺度和重量強加的能力來對自己進行觀察，以便在智力方面有所成就，並對自身和外在物進行理智的研究。最後，他將解釋自身的祕密（這是世界和大腦不能教會他的），這將會將我們的精神完全填滿。所以可以確定的是：我們智力活動應該自自然的書始，用智慧的書作為繼續。

　　在教育的主體當中，智慧仍然排在首要的位置，意志是其次的，行動力在最後，因為智慧為意志將前進的道路照亮，而意志對行動進行控制。所以，為了避免行為滑到錯誤的路上去，意志應該服從萬物之首的智慧之光的引導，為了讓智慧實現這一目的，應該首先發展智慧，讓它可以在看到事物的真正區別時做出判斷：對什麼表示贊成，對什麼表示可以丟棄，並將判斷結果提供給意志，這是唯一的方法。

　　情感可以用一樣的方法感覺，並區別和它有直接關係和可以接受的東西，理智只能發現已知的印痕，而主要的東西仍然處在隱藏的狀態，信心從永恆的深淵當中，將那如果用其他方式、可能就會永遠隱埋著的祕密挖掘出來。所以，首先應該研究那些較為人知的東西，接下來是鮮為人知的，最後是根本無人所知的。我們與動物有共同的情感，理智是全人類共同的，所以，最普通的東西應該在最前面：按照方法的規律，透過一般，就能夠到達部分和特殊。

　　以上就是關於教學方法中應遵循的順序。不過還有一點還應該注意，那就是如果有時候，必須要用後面的來對前面的進行解釋和鞏固時，我們也不要倒退。比如談起語言的結構，提

到一點和思維和作文的結構是有幫助的。它的源頭在哪裡，因為什麼產生，什麼東西和它相關等等。信念有時會糾正理智，讓理智不至於迷失方向；而理智也會糾正情感，讓情感不至於被欺騙。所以，有了相互的作用，一切彼此互利，雖然在開始和繼續活動時，一定要遵守我們在上面講到的那種自然順序。

至於細節，每個都應像它的特性所要求或允許的那樣進行解釋，比如如果對大腦接受的東西沒有形成一個明確的概念，那麼知識就什麼都不是。比較是經過對不一樣事物的不一樣研究而產生的。如果可以看一下一個沒有接受過教育的人的大腦，就會看到一個漆黑的洞，其間什麼東西都分辨不出來，那裡是一片漆黑而又混亂的。而如果可以深入到一個有教養的人或者一位智者的大腦裡去，就會在那裡看到一個輝煌的宮殿，永遠讓人感覺賞心悅目，這個宮殿中的一切是從哪裡來的？這不是從智者的本身來的，因為如果按照自己的天性，大腦其實也是一個空白，要想這裡出現圖畫，也需要把圖畫畫出來，所以，如果你想讓誰知道什麼，那就請將這些介紹給他的情感，他就可以掌握；如果你想讓他知道更多的內容，那就請你多給他一些吧！如果你想他知道一切，那麼你就將一切都給他，空白的大腦的接受力是無限的。誰要繼續對他畫什麼就儘管畫好了，它是隨時準備接收的。這樣的情況只會在大腦看、聽和體驗到很多時出現。

因為運動總在發生某種變化，而且還是逐步形成的，因此掌握活動的方式就是：為了獲得對自己的行動的信心，並形成習慣，需要多加練習，而不是透過自己或別人的觀察來學到這

些，所以行為技能只有透過經常的活動和多次的練習才能獲得，這是一條絕對的真理。

作為行為的某種形式，言語，或說話的能力是透過經常觀察事物表現出來的，言語能力用來將事物清晰的表達出來。

但是，讓智慧發展的自然方法是什麼呢？智慧的定義，自己會教給我們，如果智慧心靈面向所有的內在眼睛，接受所有的形象，喜歡光明和觀察，那就讓它在這種方法的明亮光線下，一直觀察著吧！智慧將經常訴諸觀察，在觀察當中獲得想像，就像用圖畫來裝飾宮殿一樣，願意用觀察來裝飾自己。因為，它是心靈的內在眼睛，那就讓它和身體的外部眼睛還有它活動和練習的形式保持一致吧！於是你很快就會發現，用機械的精確性來訓練智慧的必要性有多麼大。眼睛從來都不滿足於看（就像所羅門所說的，耳朵從來都不滿足於聽）。所以，智慧也不會滿足於觀察，因此也就有了各種可靠的教學規律。

1. 智慧想知道很多嗎？一些小的東西是否可以讓它滿足？如果是否定的，那麼就為它提供很多的內容，而不要用少量的事物來欺騙它。

2. 但是如果一次提供給智慧太大量的印象，這也會讓其過於充塞，也會分散了經歷，這也是智慧所不想的，它想的是循序漸進。所以不要一次提供了太多的東西，而是要隔一段的時間，還要按照合理的順序。

3. 智慧喜歡對不同的東西進行觀察嗎？單調的東西容易讓它感到乏味嗎？所以，要將有用的東西和愉快連結在一起，用變幻形象的方法來刺激它。

4. 智慧會經常要求新的客體嗎？會對日常的東西感到厭惡嗎？你就盡量每天為他提供好像是新的東西，讓它碰不到會讓它反感的東西。

5. （內外）眼睛更喜歡研究從內外兩方面，以完整的形式讓它進行觀察的東西，而不是對局部進行研究。所以，如果你向它出示什麼東西，首先應該出示完整的形態，然後按內外兩部分出示，這樣你就可以讓它認識事物的願望獲得滿足。

6. 智慧願意正確無誤的掌握知識，可能會被對事物的錯誤認知嚇跑，所以應該向它提供正確的東西，注意不要用虛假的東西來騙它。

7. 智慧喜歡確鑿的真理，游移會讓它沮喪（游移是精神的負擔，就好像進入鞋子裡的石子，任何游移都會讓人感到痛苦）。所以，別對它提供任何模稜兩可的東西或盡快解除它的疑慮，以便它的精神從不安中解脫出來變得快活。

8. 智慧經常會要求已知真理的證據，所以如果你提供給它的是某個結論，那麼證據應該不存在缺陷。

9. 但是智慧要求的是不容置疑的證據（自己不騙人，也不受騙），最接近真理的證據：智慧對它們是了解，而不只是相信。所以，如果你想讓學生對某結論的完全信任更加鞏固一些，就需要舉出不會產生歧義的證據。如果可以的話，那麼首先可以舉出事物本身作為證據，讓學生用自己的情感來想像它，如果不行，那就舉出那些事物的直接目擊者，真理的嚴肅研究者等作為證據。

10. 但是，因為智慧對事物的研究過程是循序漸進的，所以，

第一，它應知道某種事物的存在（這可以簡單的稱為了解
或介紹）。第二，它應該知道怎麼去利用自己的知識，也
就是這些知識有什麼樣的用途。這個順序不能變，必須時
時處處遵循；智慧對事物的認識，都應該是從歷史的認識
走向理性的認識，然後走向對事物的實際應用。讓智慧沿
著這條道路發展，就會像正常運轉的機器一樣，準確無誤
的實現自己的目的。

但是，我們怎樣對意志進行解釋呢？還是像它的定義所闡
述的和要求的那樣，我們已經為意志下了定義，它是心靈的內
部之手，它試圖將所有好的東西據為己有，對事物的享受和對
愉快的品嘗感到滿足，我們現在來看一下，教學原則對這一點
是怎樣表述的。

1. 智慧要求真，意志要求善。所以，你教給他什麼，就要讓
   他既理解真又懂得好（也就是誠實、有益、愉快）。於是
   你會立刻發現，他的意志被吸引過來。很顯然，行動為意
   志所統治。但是在確定應該做什麼之前，他應該聽從他內
   心的暗示、理智以及常識（它告訴意志對好壞做出區分）。

2. 對意志來說，較多的善產生的激勵作用較大，較少的善產
   生的激勵作用就較小。善與惡對意志的作用，就像重量作
   用在秤上，秤應垂向它所稱的重量一樣，意志應垂向善的
   那一方。

3. 和理智一樣，意志是少量的善不能填滿的深淵，它貪婪的
   要求更多的善，所以，面對它的這一需求，不能採用欺騙
   的手段，讓它安於少量的善。相反，應該對它進行鼓勵，

向它展示更多的善，來鼓勵它追求大量的善，因為這可以激發它的勇氣。

4. 和智慧一樣，如果將意志纏在某個對象上，它會覺得厭煩，如果總是將一樣的東西提供給它，它還會發起抗議。所以，應該用豐富的內容來吸引它，用情感的誘餌來盡可能的將它的興趣激發出來。

5. 受豐富的內容的吸引，意志會經常從一個善轉向另一個善，嚮往有善的地方，所以，應對它表示關心，讓它不管做什麼事，都能遇到用真誠、愉快、有益或同時用這幾種特質來吸引它的東西。所以，不間斷的善的鏈條會始終對意志保持控制。

6. 因為意志對完整的善，而不是善的內在的或外部的某個方面會更為欣賞，所以如果某個東西本質上是善的，那就應設法讓它以自己的全貌，將自己從裡到外的每個方面，都展示給眼睛看。這樣，我們就可以讓意志因為能進行全面的欣賞而享受所有的快感。我們還能讓意志永遠保持旺盛。

7. 意志要求享有的是真正的善，會將那種表面的善拋棄。所以要提供給他真正的好東西，而不能是看起來是好東西的東西。

8. 意志希望時常可以運用自己的善，討厭那些喪失善的東西。所以，需要周密的向它提出，哪些是它不可或缺的善。

9. 意志喜歡那些讓它能夠看見或者預期可以滿足自己願望的東西，而對那些為它製造障礙的東西十分仇恨，只要有機

會就會擺脫它們，或者和它們保持距離，所以，應教會意志對那些永遠可以享受的東西進行研究，遠離那些可能讓它失去歡樂的東西。

10. 意志喜歡完整的善，或者對善的整個享有，渴望尋找更多的快樂，所以應關心讓所有的善都盡可能的成為公共財富，因為這是維繫它們共同價值和快樂的保證。

11. 意志在對善進行追求時是循序漸進的，開始追求善，也是開始了享受，占有並享受是其中間環節，占有的牢固性是其結尾。所以這個順序有著很廣泛的應用：意志首先會尋找那些認定為善的東西，然後去占有它，最後才是去鞏固自己的占有權。對意志的這種態度讓對所有善的追求，可以像天平的機械運動一樣進行。

剩下的是作為補充工具，以及作為喚醒心靈去將那些已知和希望的東西實現的興奮劑的能力。如果是正確的解釋，那麼它們所具有的機械特性，要遠多於智慧的功能和控制意志的藝術。在具有給定的材料的工具的情況下，技工利用加工材料的某種藝術，將指定的工作完美完成，在具有任何自然能力時，情況也是一樣的（在進行視、聽、說等某種動作時）；讓器官去適應客體，可以獲得我們希望的結果。因為對這一點是毋庸置疑的，我就不過多闡釋了。

關於情感、理智的信仰機械的適應對象，可以得到一樣的結論，應該按照它本性的需求對它們加以利用，比如情感直接接觸事物，將它們抓住，力求認識它們，所以應該讓情感接觸它應該認識的所有東西，以便它確信它掌握並認識事物並非透

過別的任何東西，而是透過他自己的看、聽或者嗅等。讓情感不僅接觸事物，而且還要掌握它們。它不應該是膚淺的觸及事物，然後假設它的存在，而應該是將其完全抓住、控制，以徹底弄清楚它的存在。

因為理智可以利用可靠的已知材料，深入未知的東西（在事物的某種特徵和事物本身之間建立起必要關係的正是理智），應訓練理智將事物的特徵弄清楚（包括原因和結果，主體及其特徵、區別和對立等）。應該時時處處注意觀察和區分各種東西。這樣做理智就能輕鬆、迅速而又牢固的建立與機械精確性的連結，而不會迷失了方向。

與關於事物的其他證據相連結的信仰，應首先注意讓智慧正確的理解出示的證據，然後讓智慧確信證據是可以信賴的，它本身不受騙，也不去騙人。如果這兩項預防措施都得到了執行，那麼機械的信心承認權威，並徹底信任它是安全的。

至於運用教學手法的順序，和怎樣相互機械的協調，應該將其來源說明。應該遵循將它們運用於人時所遵循的順序（比如在機械藝術裡面）。

我們在上面確立了人類智慧的三個級次：理論、實踐和應用，但是對這三個級次進行研究，應該遵循每個級次那些特有的方法，由此一點點深入，這是因為：

‧ 理論的解決，需要利用事物的概念、分析和研究。

‧ 實踐要求示例、綜合還有自己動手。

‧ 應用包括規則和自己運用。

如果你希望某個人知道些什麼，讓他知道某事物是如何進行的，方式是什麼樣的，由什麼組成，在什麼程度上等等，那麼你就應該：

- 將這個事物提供給他，讓他分別從整體上和各個方面予以觀察；
- 然後在他面前，將事物分成幾大部分，每個部分可以繼續分成更多的部分，並分別為各個部分附上名稱；
- 讓他懷著關切的心情參與進來，自己去對一切進行觀察、觸摸、聽、嗅、嘗，並親自去為事物命名，這就是我們所說的比自我認知感更普及的說法 —— 自我感覺。

因為有這三個級次的存在，應該以機械的準確性去對事物進行了解，如果缺少了某一級次，或者某一級次偏離了常規的軌道，事情就會止步不前了。

但是，你是否希望你的學生擅長做些什麼，或者做成些什麼嗎？照著下面三點來做，你就實現這個目的。

- 透過示範告訴他他應該做什麼。
- 為他做示範該怎樣做，從最細小的部分開始，並將這些細小部分組成一個較大的部分，如此反覆，直到最終形成一個整體。從對最大的部分，也就整體的分析開始，以對最小部分的分析告終。綜合則從最小開始，在最大，即整體結束。
- 讓他快速模仿一切（從最小開始，在最大結束），並注意讓他在模仿時，不致偏離到錯誤的道路上去，那些誤入歧

途的人要予以糾正，直到他掌握可以毫無差錯的做事為止。我們將其稱為自己動手 —— 其實叫練習。照著這三點做，所有的藝術都可以輕鬆的實現。但是如果缺少這三個之中的任何一個，那就會一事無成，或者至少是事半功倍，效率低又不完善。

但是除了這個以外，你希望你的學生可以聰明的運用科學和藝術嗎？請按照下面這三點來做：

- 透過規則，告訴他這個事物的用途；
- 比較一下，哪些知識和藝術運用起來好，較好，最好，或者相反的，不好，較壞，最壞。將前者弄清楚是為了模仿，將後者弄清楚是為了避免；
- 命令透過自己運用去模仿德行，避免惡習，也就是將已有的知識只用在善的事業上，因為如果一個人只要看到別人善於利用事物，卻沒有模仿的企圖，那麼他就會從一個精通藝術的人變成一個門外漢；從博學的人變成無知的人。

最後，學校一定要在科學和藝術，尤其是在泛智方面組織練習。這樣，那些對學者階層的責備，即責備它的煩瑣哲學（即責備其不適合解決實際事務）就應該消失。

所以，教學藝術方面的所有事情都好像是機械的：全體組成部分之間秩序井然，緊密相連，並產生結果，然而沒有哪個機器可能造得這樣好，以致根本不需要照顧，不需要觀察它的運轉是否一切正常，不需要維修，如果有哪個零件受損或者出現了故障，也不需要對它進行改造，最後甚至連更新的、完善的發明都不需要了，這是不存在的 —— 所以，教學機器一直

在追求著完美。

對於我們的發明能否可以產生成績的問題，我的回答是：我的性情不允許我吹噓自己的發明，我現在就像引用一句格言：請你親自來看看吧！讓事物本身，來激起信任吧。但是，用什麼樣的方式呢？那些加工材料的機器通常以不同方式作用在各種東西上，所以我們的教學機器將用在學校內外，人們教學活動的各個方面，包括私人和公立學校、哲學學校、語言學校以及其他學校，還有在學校之外的家庭等其他場所的教學活動，但是我答應過要提出三個結論，這應在這裡完成，我想指出，可以開設兩類可以讓教學機器充分發揮其作用的學校。

- 應建立一所利用實踐和習慣，仿照古代的方法教學拉丁語的學校，至於這種學校的形式，會在後面進行闡述。
- 如果尤其需要連結藝術和原則，我們可以建立一種類似印刷廠的學校形式，並將其稱為「活印刷廠」。

附：康門紐斯年表

西元 1592 年 3 月 28 日	約翰‧阿摩司‧康門紐斯誕生在波希米亞王國摩拉維亞。
西元 1604 年	父母及兩個姐姐先後病故，遺下他和一個妹妹，曾於簡陋的鄉村學校附讀。
西元 1608 年	進入普雷拉夫拉丁文法學校學習，對當時的學校教育產生強烈的反感，萌發立志改革教育的思想。
西元 1611 年	中學畢業。3 月 30 日，被選送到那撒公國赫波恩學院繼續深造。
西元 1613 年	在西歐各地旅行，遍訪當時的學術文化中心，進一步受到時代新思潮的強烈薰陶。後轉入海德堡大學學習，哲學和教育思想日趨成熟。
西元 1614 年	因病輟學回國，任普雷拉夫地方的一所中學的校長，並開始研究教育改革問題。
西元 1616 年	經兄弟會推選，擔任牧師職務。
西元 1618 年	調任富爾涅克地方的兄弟會牧師兼兄弟會學校校長。
西元 I6I9 年	出版《寄天國書》。
西元 1621 年	康門紐斯居住的富爾涅克遭遇戰火，其家產、藏書和手稿被焚，被

	迫離家出走。
西元 1622 年初	妻子和兩個孩子死於戰爭引起的瘟疫。
西元 1627 年	出版《精製摩拉維亞新地圖》。
西元 1628 年 2 月	流亡波蘭萊什諾。
西元 1631 年	寫成並出版拉丁文教科書《語學入門》，大受歡迎。
西元 1632 年	開始致力於「泛智」問題的研究，著手開始《母育學校》一書的寫作。
西元 1633 年	《母育學校》出版。
西元 1635 年	任萊什諾兄弟會中學校長。
西元 1638 年	完成《大教學論》一書的寫作。
西元 1639 年	在英國出版《泛智學導論》，引起了歐洲學術界的重視。
西元 1641 年	接受英國國會邀請，前往倫敦。
西元 1642 年	前往瑞典展開研究工作。
西元 1644 年	開始構思寫作七卷本的巨著《關於改進人類事務的總建議》。
西元 1647 年	完成《最新語言教學法》一書的寫作。
西元 1648 年	康門紐斯離開瑞典，回到萊什諾，主持兄弟會的宗教和學校事務。

附：康門紐斯年表

西元 1650 年 .... 當選捷克兄弟會大主教，成為兄弟會的領袖。10 月，接受匈牙利外西凡尼亞公國雷科克齊（Rakoczis）伯爵的邀請，到匈牙利擔任長年教育顧問，並在沙羅斯—派特克地區創辦一所泛智學校，並為即將開設的理想學校擬定了一份計畫，即《泛智學校》。

西元 1652 年 .... 小冊子《真實方法的讚頌》在沙羅斯—派特克出版。

西元 1653 年 .... 寫成《創建紀律嚴明的學校的準則》和《西元 1653 年為年輕人制定的行為規則》二書。

西元 1654 年 .... 完成《世界圖解》一書的寫作。8 月 2 日，離開匈牙利回到萊什諾，繼續研究泛智論。

西元 1656 年 4 月 .... 萊什諾毀於波蘭與瑞典的戰爭，康門紐斯的住所及所有私人財物再次毀於戰火，其中包括他耗費二十餘年心血撰就或搜集的尚未出版的手稿及資料。8 月，應荷蘭政府的邀請到達阿姆斯特丹定居，在此處度過了流亡生涯的最後一站。

西元 1657 年	《康門紐斯教育論著全集》在阿姆斯特丹陸續出版。
西元 1666 年	《人類改進通論》的第一卷《普遍的覺醒》與第二卷《普遍的光明》在阿姆斯特丹發表，其餘五卷的手稿於 1934 年發現。《人類改進通論》是康門紐斯一生最後的，也是篇幅最大的力作。
西元 1668 年	寫成自傳性作品《唯一的必要》。
西元 1670 年 11 月 15 日	於荷蘭病逝，結束了其坎坷動盪但奮鬥不息的一生。

國家圖書館出版品預行編目資料

電子書購買

現代教育之父康門紐斯的「泛智學校」：根除惰性、培養天賦才能、紀律嚴明學校的準則、年輕人的行為規則，捷克思想大師論教育 / [捷克] 約翰 ‧ 康門紐斯 (John Amos Comenius) 著，關明孚 譯 . -- 第一版 . -- 臺北市：崧燁文化事業有限公司 , 2023.02
面；　公分
POD 版
譯自：John Amos Comenius on Education
ISBN 978-626-357-078-8(平裝)
1.CST：康門紐斯 (Comenius, John Amos, 1592-1670) 2.CST: 學術思想 3.CST: 教育哲學
520.11　　111022272

現代教育之父康門紐斯的「泛智學校」：根除惰性、培養天賦才能、紀律嚴明學校的準則、年輕人的行為規則，捷克思想大師論教育

臉書

作　　者：[捷克] 約翰 ‧ 康門紐斯 (John Amos Comenius)

翻　　譯：關明孚

發 行 人：黃振庭

出 版 者：崧燁文化事業有限公司

發 行 者：崧燁文化事業有限公司

E-mail：sonbookservice@gmail.com

粉 絲 頁：https://www.facebook.com/sonbookss/

網　　址：https://sonbook.net/

地　　址：台北市中正區重慶南路一段六十一號八樓 815 室
Rm. 815, 8F., No.61, Sec. 1, Chongqing S. Rd., Zhongzheng Dist., Taipei City 100, Taiwan

電　　話：(02) 2370-3310　傳　　真：(02) 2388-1990

印　　刷：京峯彩色印刷有限公司（京峰數位）

律師顧問：廣華律師事務所 張珮琦律師

定　　價：299 元

發行日期：2023 年 02 月第一版

◎本書以 POD 印製